점에서

선으로

그리고 물결로

점에서 선으로 그리고 물결로

발행일	2025년 12월 5일
지은이	최경원, 윤진숙, 박서담, 최송아
그림	최경원
펴낸이	백대현
펴낸곳	도서출판 정기획(Since 1996)
출판등록	2010년 8월 25일(제2010-000003호)
주소	경기도 시흥시 서촌상가4길 14
전화번호	(031)498-8085, 010-2310-8085
팩스번호	(031)498-8084
이메일	cad96@naver.com
ISBN	979-11-93579-16-9 03810 (종이책) 979-11-93579-17-6 05810 (전자책)

이 책의 판권은 지은이와 정기획에 있습니다.
저작권법에 따라 보호받는 저작물이므로 무단 전재와 복제를 금합니다.

최경원 · 윤진숙 · 박서담 · 최송아

글로 자신을 찾고 서로를 위로한 4인의 이야기

점에서
선으로
그리고 물결로

정기획

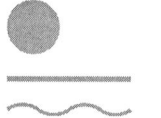

| 축하의 글 |

"우리의 의지는 각자 묻어두었던 점(點)을 꺼내게 했다. 그 안에는 결점(缺點)도 있었고 미점(美點)의 반짝임도 있었다. 모인 점들은 선(線)이 되어 이야기가 되었고, 그 선에 용기가 더해져 물결로 엮였다. 이제 그 물결이 세상을 향한 울림이 되길 소망한다."

최경원 작가

『점에서 선으로 그리고 물결로』의 출간을 진심으로 축하드립니다.

아침 봄바람이 살랑이던 4월 4일 오전 10시, <세끝북카페>에 도착했습니다. 글쓰기를 사랑하는 여섯 분이 다소 긴장된 얼굴로 인사를 건넸습니다. 그중 이번에 공저에 참여한 네 분의 저자도 함께 자리했습니다.

최경원 작가는 신랑이 보내온 '글쓰기 수강생 모집' 문자를 받고 며칠 동안 망설였다고 합니다. 그러던 어느 날 우연히 해당 카페를 방문하게 되었는데, 평소 좋아하던 카페 분위기와 대표님의 따뜻한 미소를 보면서 '내 인생이 이 카페와 얽혀도 좋겠다'는 확신이 들었다고 합니다. 마침 테이블 위에 놓인, 어디선가 본듯한 전단 한 장이 눈에 들어왔고, 설명할 수 없는 어떤 힘이 마음을 움직여 바로 이 강좌를 신청했다고 했습니다.

윤진숙 작가는 이 카페 대표이자 프로그램을 기획한 분입니다. 학창 시절에는 문학소녀였지만, 이후의 삶은 문학과는 전혀 다른 분야에서 성공적인 길을 걸어왔습니다. 그러던 중 카페 오픈을 준비하면서, 문학을 사랑했던 시절에 대한 그리움이 다시 마음속에 피어올랐다고 합니다. 이 공간에서 차 한 잔을 앞에 놓고 삶을 진지하고 의미 있게 나눌 수 있는 독서와 글쓰기 모임을 열어야겠다고 생각하고, 곧바로 실천에 옮겼습니다.

박진희 작가는 첫 과제의 첫 문장에 '작가가 되고 싶다!'라고 당당히 포부를 밝혔습니다. 어린 시절부터 동화를 유난히 좋아해 또래보다 훨씬 많은 책을 읽었다고 합니다. 책을 좋아하고 사랑한 만큼 책과 관련된 길을 걷고 싶었지만, 현실은 전혀 다른 방향을 향했습니다. 그러던 중 우연히 본 전단 한 장이 마음을 두드렸고, 그 순간 마음 깊은 곳에 숨어 있던 '작가의 꿈'이 깨어났다고 합니다.

최송아 작가는 말보다는 글로 마음을 표현하는 것을 더 좋아한다고 합니다. 누군가와 마주 앉아 자기 생각을 말로 전하는 일이 서툴러, 종종 위축될 때가 많았다고 합니다. 하지만 글을 쓸 때는 마음이 한결 편하고, 실제 쓴 글을 볼 때마다 잘 표현하고 있는 자신을 발견하곤 했다고 합니다. 결혼과 육아로 바쁘게 지내며 그 길이 사라진 듯해 우울했던 시절이 있었다고 합니다. 하지만 이번 강좌를 운명처럼 만나, 뒤로 미루고 살았던 과거의 자신을 다시 찾게 되어 기쁘다고 했습니다.

작가들의 첫걸음은 진지했습니다. 그들의 잠재의식

속에는 글에 대한 사랑과 쓰고 싶은 간절함이 이미 자리하고 있었습니다. 글을 쓰며 살고 싶었지만, 정작 현실의 삶은 그것을 쉽게 허락하지 않았습니다.

처음 안내 내용은 기본 8회로 명시되어 있었습니다. 그러나 회차를 거듭할수록 그들의 내면은 무의식과 전의식을 넘어 자신의 의식으로 그리고 행동하기 시작했습니다. '더 적극적으로 표현하고 싶다'는 욕심이 꿈틀대기 시작한 것입니다. 그래서 마지막 수업을 며칠 앞두고, 장시간의 논의 끝에 결심했다고 합니다. 기본 과정을 넘어 심화 과정까지 나아가, 책을 내보고 싶다는 꿈과 소망이 싹튼 것입니다. 이들은 "나도 내 이야기(글)로 책을 낼 수 있을까?"라는 물음 앞에서 오래 고민하고 주저했을 겁니다. 그러나 그 망설임을 이겨낼 수 있었던 것은, 서로를 북돋우며 함께 걸어준 글벗들이 있었기 때문입니다.

네 명의 작가는 '나'를 주제로 여덟 편의 글을 썼습니다.

하나, 어린 시절 겪었던 아픔·슬픔·무서움·수치심 등 마음에 깊이 남은 세 가지 기억을 돌아보았습니다.

둘, 오늘 현재 자신이 서 있는 위치와 역할 속에서 가장 중요하게 생각하는 삶의 우선순위 세 가지를 정리했습니다.

셋, 살아오는 동안 맞이했던 인생의 가장 큰 전환점(Turning point)를 회고했습니다.

넷, 지금보다 열 살 더 나이가 들었다고 가정하고, 어떤 모습으로 살아가고 있을지 상상했습니다.

다섯, 다음 세대에게 '사랑'이 무엇인지 가르치고 전수할 내용을 편지 형식으로 써보았습니다.

여섯, '인생은 내 마음대로 되지 않는다'는 현실 속에서, 만약 내 마음대로 살 수 있다면 어떤 삶을 살고 싶은지 자유롭게 상상해서 썼습니다.

일곱, 두 가지 주제 중 하나를 선택했습니다. 하나는 자살을 생각하는 사람에게 그 사람을 살릴 수 있는 희망을 전하는 글, 다른 하나는 자신이 6개월 후에 세상을 떠난다고 가정하고 가족과 지인에게 남기는 유서입니다.

여덟, 자신의 성격적 강점과 약점을 먼저 쓰고, 그것이 내 삶의 모토나 인생 철학과 어떤 방식으로 연결되어 있는지를 탐구했습니다.

모든 주제는 '나'를 중심으로 한 기억, 생각, 경험, 가치관, 그리고 현재의 삶과 미래에 대한 상상으로 이루어졌습니다. 그렇다고 여덟 가지 주제를 다 엮지는 않았습니다. 각 작가가 책으로 내는 것에 주저되는 내용은 과감히 덜어내고, 자신이 진정으로 마주할 수 있는 부분에 집중했습니다.

톨스토이(Tolstoy)는 이렇게 말했습니다.
"과거는 존재하지 않는다. 미래는 오지 않았다. 현재는 존재하지 않는 과거와 다가올 미래가 만나는 시간이다."

이 말은, 과거를 해결하지 않고 미래를 꿈꾸는 것은 위험하다는 뜻이자, 밝은 내일을 위해 지금 이 순간 무엇인가를 준비해야 한다는 메시지를 동시에 담고 있습니다. 그의 말대로, 네 명의 작가는 글을 쓰면서 과거와 현재, 미래를 넘나들면서 자신의 이야기를 썼습니다.

이들의 글은 독자에 따라 서툴게, 거칠게, 혹은 평범하게 느껴질 수도 있습니다. 그러나 그 안에는 결코 평범하지 않은 삶의 진실과, 마음 깊은 곳에서 꺼낸 진심이 담겨 있습니다.

『점에서 선으로 그리고 물결로』는 네 명의 작가가 걸어온 인생의 궤적을 고스란히 담은 책입니다. 거듭 말씀 드리지만, 이 책의 모든 글에는 '글을 사랑하는 네 분의 진심'이 깃들어 있습니다. 그 진심이 독자의 마음에 울림을 주고, 변화를 일으킬 것이라 믿습니다. 이 책이 나오기까지 함께 수고한 작가분들께 아낌없는 박수로 이들의 미래를 응원해 주셨으면 합니다. 앞으로도 더 전진해서 더 깊고 따뜻한 글로 세상에 선한 향기와 사랑을 전하는 훌륭한 작가로 성장하길 바랍니다.

감사합니다.

2025년 11월

백대현

사)한국문인협회 회원
시집, 『내 마음에 피는 노래』, 『사랑하니까』
소설, 『그 남자의 사랑』 外

| 차례 |

축하의 글 • 5

최경원

Turning Point • 19
새로울 일, 만 시간 • 29
비키와의 대화 • 37
내 마음을 내 마음대로 • 47
고마운 내 사람들에게 • 51
존재와 유산 • 59
민달팽이와 분재 • 66

윤진숙

아버지는 제 인생의 아픔입니다 • 73

왜 그랬을까 • 80

남편의 아내 • 87

사랑의 변주곡 • 94

잔잔하게 • 101

아들에게 사랑을 말한다 • 106

난 협상가가 되고 싶었다 • 111

그 남자에게 웃음과 의미가 찾아갈 거다 • 115

물 흐르듯이 • 125

박서담

지금의 나를 만든 하루들 • 135

결국에는 내가 있어야 한다 • 146

배움의 즐거움 • 152

미래의 나 • 162

내가 가장 사랑하는 미래에게 • 169

환상적인 삶 • 173

매일 같은 일상이라도 우린 결국 앞으로 나아가 • 178

내 인생은 서프보드 위에 있어 • 183

최송아

위대한 범죄 •193

잘못된 떡볶이 •200

쓰디쓴 술 •207

보통의 엄마 •217

나는 다시 피어나기로 했다 •227

한계는 없다 •233

나는 나의 봄이다 •241

선물 같은 오늘, 나답게 •275

어른이라 불리는 나이에 쓰는 솔직한 고백 •286

점에서
•
선으로
그리고 물결로

최경원

Turning Point
새로울 일, 만 시간
비키와의 대화
내 마음을 내 마음대로
고마운 내 사람들에게
존재와 유산
민달팽이와 분재

Turning Point

#0.

터닝 포인트(turning point): 어떤 상황이 다른 방향이나 상태로 바뀌게 되는 계기, 또는 그 지점.

#1.

신장 180cm 이상
연하
화목한 가정환경
현명하고 지혜로움
월 2천만 원 수입
비흡연자
다정한 사람일 것

#2.

'올해까지만 하고 이 일은 그만둘 거야.' 10년의 영어 강사 생활 중 7년 동안은 입에 달고 있었던 말이다. 그러나 그 결심은 입술 끝에서 맴돌기만 했고, 결국 생계를 유지하기 위해 같은 일을 반복하는 것이 하나의 오랜 관성이 되었다. 그럼에도 마음 한편에서는 새로운 시작에 대한 갈증이 있었다. 결국, 작년에 나는 강사 일을 그만두었고, 놀랍게도 그 후 1년 동안은, 이전 10년 동안의 변화와 경험을 모두 합쳐도 부족할 만큼 새로운 시도와 경험이 쏟아졌다. 전혀 다른 분야에 발을 들였고, 예전과는 다른 환경 속에서 다른 규칙에 익숙한, 새로운 사람들을 만났다. 그 과정은 두려움과 흥분이 공존했지만, 동시에 내가 얼마나 변할 수 있는 존재인지를 깨닫게 했다. 그래서 나는 한동안 이렇게 생각했다. 내 인생의 터닝 포인트는 바로 '전 직장을 그만둔 뒤의 1년'이라고. 그 시기는 분명 나를 바꾸어 놓았다.

#3.

아니다. 생각이 바뀌었다. 내 인생의 진짜 터닝 포인트는 남편을 만난 순간부터였다. 표면적으로는 직장을 그만둔 1년간의 변화가 더 극적이라 여겼지만, 사실 그 내면의 원동력은 남편이라는 존재에서 비롯되었다. 그와 함께였기에 가능했던 결정과 도전들이 있었고, 그의 존재는 새로운 선택을 더 과감하게 하도록 밀어주었다. 절망의 바닥에서 무거운 돌 앞에 홀로 서 있을 때, 그것은 끝없는 시지포스의 형벌처럼 느껴졌다. 하지만 남편은 늘 나타나, 그 돌을 나 혼자가 아니라 함께 밀어 올려 주었다. 혼자였다면 끝없는 고통이었을 무게가, 둘이 함께할 때는 더 높은 곳을 향한 도전이 될 수 있었다. 그가 없었다면, 지금의 내 모든 변화는 그다지 극적이지 않았을 것이고, 어쩌면 애초에 일어나지 않았을 일들도 있었을 것이다.

나는 남편을 만나기 전 이렇게 믿었다.

하나, 아버지와 남동생 외에는 나를 사랑해 줄 남자는 없을 것이다.

둘, 나는 절대 사업을 하지 않을 것이다.

셋, 인간은 변하지 않는다.

이것들은 단순한 생각이 아니라, '신념'에 가까운 문장들이었다. 그러나 이 생각들은 남편을 만나면서 조금씩 허물어지고 결국 변화를 맞았다.

#4.

그 시절 내 연애는 늘 단편 영화 같았다. 길고 풍성한 서사는 없고, 예고편처럼 짧게 스쳐 지나가곤 했다. 남들은 장편 드라마를 찍듯 오래도록 이어갔지만, 내 이야기는 늘 몇 장면 만에 막을 내렸다. 고백하건대, 당시에는 갈등이 있다가도 화해하는 주변의 '보통의 연애'를 부러워했다. 왜냐하면 나는 한 번도 그런 연애를 해본 적이 없었기 때문이다. 서른 중반이 다 되어가도록 보통의 연애를 한 번도 못 해봤다는 사실은, 내게는 결코 평범하지 않았다. 2주, 3주, 길어야 2달. 내 연애는 늘 짧고 허무하게 끝났다. 그래서 자신을 의심했고, '나는 연애에 맞지 않는 사람인가? 대부분 사람은 몇 달 또는 몇 년에 걸쳐 만나고 헤어지는데, 나에게는 뭔가 문제가 있나'라는 질문을 가슴 한구석에 품고 살았다. 그래서 어느 순간, 방어기제였는지, 차라리 시놉시스 자체를 접어버리고 싶었다. 그래서 선언하듯 입 밖으로 내뱉었다.

"앞으로 연애는 안 할 거예요. 혼자 살 겁니다."

그러던 어느 날, 나는 평소 팬이었던 과학 커뮤니케이터 궤도님의 강연에 갔다. 강연이 끝난 뒤, 군중 속에서 두 손을 들어 궤도님께 질문하고, 책에 사인을 받는 용감한 한 남자를 보았다. 이후 전시장 다른 부스에서 다시 그를 마주쳤다. 엘리베이터에서 만난 이웃에게 건네는 가벼운 인사처럼, 큰 의미는 없는 말을 건넸다.

"사인받으셨어요?"

그 한마디가 내 인생의 많은 것을 다르게 펼쳐지게 했다. 대응하는 짧은 대답으로 서로 갈 길을 가게 될 줄 알았는데, 우리의 대화는 길어졌다. 마침 그 부스는 내가 아는 것이 많았고, 나는 알고 있는 전시 내용을 열정적으로 설명했다. 그는 내 이야기에 집중했고, 흥미로워했다. 그 후 그는 내가 가는 서점에도 따라왔고, 저녁으로는 햄버거를 사 주었으며, 그 주 주말에는 별을 보러 가자고 연락했다. 매주, 아니 거의 매일, 그는 내 곁에 있었다. 그리고 믿기 힘든 말을 주문처럼 걸어왔다.

"넌 나랑 살게 될 거야."

처음엔 농담처럼 들렸지만, 그 말은 매일 조금씩 내 마음의 빗장을 열게 했다. 그리고 마침내, 나는 그 주문에 걸렸다. 우리는 지금 함께 살고 있다.

#5.

어릴 적부터 부모님 사업 현장을 보며 자랐다. 부모님

의 사업에는 감사하게도 큰 위기는 없었지만, 직원 문제나 현금 흐름의 문제가 발생하는 때는 알 수 있었다. 평소 눈치 없고 둔한 나조차도, 퇴근 후 부모님의 대화 속에서 흘러나오는 얘기로도 알 수 있었고, 밤에 잠 못 이루는 아버지의 모습을 보는 날도 있었다. 직접적인 말씀은 없으셨어도, 부모님을 둘러싼 고뇌 가득한 공기를 나도 같이 마시는 것 같았다. 그 상황들은 어린 나에게도 강렬하고 부정적으로 남았다. '사업이란 이렇게 힘들고 머리 아픈 것이구나.'라고 생각하게 되었고, 그래서 나는 어릴 때부터 '절대 사업을 하지 않겠다.'고 다짐했다. 물론 내 배우자가 생긴다면, 그 사람도 평범한 직장인이길 바랐다.

하지만 남편을 만나고 나서, "자본주의 사회에서는 자기 일을 하지 않는 것이 더 위험하다"라는 말을 여러 번 들었다. 자기계발 관련 서적을 읽고, 유튜브도 보면서 나도 모르게 조금씩 생각이 변하고 있었다. 영어 강사 일을 그만두고, 지분을 가지고 대형 카페와 음식점 운영에 참여하면서 몸소 깨달았다. 사람은 정말 '자기 일'을 해야 한다는 것을. 10년 동안 영어 강사 일을 붙잡고 버텼던 나는, 1년도 되지 않아 일부 지분으로만 운영하는 당시의 일마저도 온전히 '내 것'처럼 느껴지지 않았다. 그 시간에 내 이름을 걸고 할 수 있는 새로운 일을 찾고 싶어졌다. 하루하루의 일과 생계도 중요했지만, 나만이 특화되어 더 잘할 수 있는 일, 내가 진정으로 해야 할 일을 생각하며 다른 변화를 갈망하게 되었다.

#6.

남편은 '사람은 변한다.'고 믿었다. 하지만 그 변화는 단순히 스위치를 켜고 끄듯 한순간에 흑에서 백으로, 이분법적으로 바뀌는 것이 아니라, 점점 색이 짙어졌다가 옅어지듯, 스펙트럼처럼 서서히 진행되는 로딩 바와도 같이 변한다고 말했다. 그의 말처럼, 나도 그렇게 변해갔다. 생활 습관, 생각, 그리고 사람을 대하는 태도까지 조금씩 달라졌다.

결혼 전의 나는 거의 비혼주의자에 가까웠다. "앞으로 결혼은커녕 연애도 하지 않을 거예요."라는 말을 습관처럼 하고 다녔다. 주변에서 연애나 결혼을 재촉할 때면, 나는 위의 조건들을 읊으면서, 소위 '철벽'을 쳤다.

"조건을 모두 갖춘 남자가 나타난다면 만나보겠다."

부모님은 그런 사람은 없다고 고개를 저으셨고, 사실

나 역시 마음속으로는 같은 생각이었다. 누군가가 저 조건 중 일부를 충족시킬 수는 있겠지만, 모두를 충족시키는 사람을 만나는 건 나 자신도 터무니없다는 걸 알았다. 그저 "그런 사람은 없을 테니 더 이상 나에게 연애나 결혼 여부를 묻지 말라"는, 방어막 같은 선언이었고, 홧김에 내뱉은 말이기도 했다.

남편을 알고 지내던 소용돌이 같은 시간에는 저 조건은 머리에서 흐릿해져 있었다. 얼마 뒤 엄마가 "너 조건에 맞는 남자 안 나타나면 만나지 않겠다며?"라고 했을 때, 나는 "그런 조건들을 내세우던 때가 있었지"라며 민망해했다. 그런데 따지고 보니 남편은 단 한 가지를 제외하고는 그 모든 조건을 갖춘 사람이었다. 그리고 그 한 가지조차도 "그건 노력하면 바꿀 수 있어"라고 말하는 호기로운 사람이었다. 남편은 노력으로 가능한 것만 남기고, 노력으로는 어쩔 수 없는 것들은 이미 갖춘 사람이었다. 노력으로 충족하기 어려운 조건들을 타고난 남편도, 그런 남편을 만날 수 있었던 나도 운이 좋았다. 무엇보다 남은 한 가지도 만만치 않은 것이었는데, "나머지는 타고나야 하지만, 노력으로 할 수 있는 한 가지니 오히려 가장 쉽다!"라고 말하는 이런 사람은 흔치 않았다. 이런 사람이 곁에 있다는 건 나에게 긍정적인 힘을 주었고, 도전하고 변화할 수 있는 용기를 주었다. 그는 그렇게 해나갈 것이고, 원하는 것을 이룰 것이다. 나 역시 원하는 바의 진행 상황을 로딩 바를 채우듯 완성해 나갈 것이다. 결국, 내가 가진 상황을 원하는 방향과 상태로 바꾸어 나갈 것이다. 남편은 나의 변화를 일으킨 원동력이자, 나의 인생 터닝 포인트였다.

#7.

남편은 주변에 내가 '율법'처럼 말하고 다니던 남편상(想)의 조건들을 신기하게도 대부분 충족하고 있었다. 남편은 누가 보면 허황되다고 느낄 만큼 크고 긍정적인 목표를 세우는 스타일이었지만, 놀랍게도 그 대부분을 실제로 이루어냈다. 그 비법은 "생생하게 꿈꾸고, 간절히 원하는 것"이었다. 이런 말을 듣다 보니, 문득 나도 예전에 홧김에 내뱉었던 말도 안 되는 조건들이 오히려 현실이 된 건 아닐까 싶었다. 무심코 던진 말도 이렇게 이루어지는데… 그렇다면 앞으로 나의 비전은 더욱 생생하고 자주, 그리고 긍정적으로 그리며 말해야겠다고 다짐했다.

남편의 긍정은 나의 부정을 서서히 녹여 주었고, 오랫동안 나를 붙잡고 있던 고집스럽고 융통성 없던 믿음들도 조금씩 부드러워졌다. 그렇게 바뀐 나의 태도와 생각은, 예전 같았으면 분명 낯설고 불편했겠지만, 지금은 이렇게 말할 수 있다.

"싫지 않다. 아니, 오히려 꽤 괜찮았다."

그리고 이 변화의 출발점이 된 그 사람을, 나는 내 인생의 가장 큰 터닝 포인트라고 삼는다.

새로울 일, 만 시간

'일만 시간의 법칙'. 말콤 글래드웰이 심리학자 앤더스 에릭슨(Anders Ericsson)의 연구를 바탕으로 저서 『아웃라이어(Outliers)』에서 대중화한 개념이다. 이 법칙은 어떤 분야에서 최고 수준의 전문가가 되기 위해서는 단기간의 몰입이나 타고난 재능만으로는 부족하며, 하루에 약 세 시간씩, 10년이라는 오랜 시간 동안 꾸준히 몰두하고 반복해야 한다는 내용을 핵심으로 한다. 즉, 총 약 10,000시간이라는 시간적 투자가 필요하다는 것이다. 설령 처음엔 재능이 부족하다고 느꼈던 분야라도, 진지하고 집중력 있게 노력한 10년이라는 시간이 쌓이면 어느 순간 전문가의 경지에 도달할 수 있다는 점을 시사한다. 결국 중요한 것은 얼마나 타고 났느냐, 얼마나 좋아하느냐보다는 얼마나 꾸준히 오래 지속할 수 있느냐이다.

그 사람에게는 사실 천부적인 재능이 있었던 건 아닐까? 어쩌면 운이 좋았던 것 아닐까? 아니면 때마침 기적처럼 맞아떨어진 타이밍 덕분이 아닐까? 이런 의문들은 자연스럽게 따라붙는다. 실제로 '일만 시간의 법칙'에 대한 반박과 반론도 적지 않다. 노력만으로 모든 것이 해결되지 않는다는 주장도 있고, 개인의 성향이나 환경, 교육 수준, 접근할 수 있는 자원 등 수많은 외부 요인이 작용했을 거라는 분석도 있다. 논쟁을 거치다 보면 이 개념이 지나치게 단순화된 오류에 빠질 위험도 분명 존재한다. 그럼에도 나는 이 법칙이 상당히 설득력 있다고 느낀다. 왜냐하면 나 역시 그와 비슷한 과정을 몸소 겪어봤기 때문이다. 좋아하지도 않았고, 특별한 재능도 없다고 생각했던 일을 오랜 시간 해내다 보니, 어느 순간 제법 잘하게 된 나 자신을 마주하게 되었기 때문이다.

영어 강사 시절의 10년.

나는 중·고등학생을 대상으로 입시 영어를 가르치는 강사로 10년을 보냈다. 처음 1~3년은 지독히도 힘들었다. 내가 힘들었던 원인은 크게 세 가지였다. 바로 강의력, 쇼맨십, 그리고 영업력이었다.

강의력은 단순히 지식을 전달하는 것을 넘어, 듣는 이를 이해시키고 설득하는 힘이다. 어릴 적 캐나다에서 지낸 덕분에 영어라는 언어에는 친숙했지만, 그것을 '체계적으로 가르치는 학문'으로 접근하는 데에는 훈련이 필요했다. 다른 강사들이 전공 서적과 대학원 논문을 꺼내 들 때, 나는 뒤늦게 독학하듯 교재를 파고들어야 했다.

쇼맨십은 또 다른 난관이었다. 강의는 일종의 연극이다. 강의 내용이 희곡이라면, 강사는 배우이고, 학생은 관객이 된다. 강의의 성패는 내용만이 아니라 강사의 에너지, 표정, 제스처, 심지어 농담 한마디에까지 달려 있었다. 그러나 나는 본래 무대 체질이 아니었다. 타고난 개그 감각이나 끼가 없었기에, 늘 긴장 속에서 수업을 이어가야 했다.

마지막으로 어려웠던 것은 영업력이었다. 성적 향상은 물론이고, '선생님이 재미있다'라는 입소문이 퍼져야 학생이 늘어난다. 하지만 영업이라는 일은 내게 늘 죄책감처럼 느껴졌다. 학생을 대상으로 '장사'를 한다는 생각을 쉽게 떨치기 어려웠기 때문이다.

이 모든 것 때문에 몇 번이나 사직서를 마음속에 품은 채 출근하곤 했다. 학원 문을 열 때마다 발걸음은 쇠사슬에 묶인 듯 무거웠고, '이 일을 그만두면 앞으로 어떻게 살아가지?'하는 두려움이 온몸을 짓눌렀다. 하지만 나는 그때 포기하지 않았다.

그러다 3년째에 접어들 즈음, 지인을 만날 때마다 습관처럼 내뱉던 "힘들다"는 말이 어느새 사라졌다. 5년쯤 지나자 별다른 준비 없이도 어떤 수업이든 바로 할 수 있게 되었다. 속된 말로, 자다가도 일어나서 강의할 수 있을 만큼 익숙해진 것이었다. 7년 차쯤엔 강의력은 물론이고 원내에서 '재미있는 선생님'으로 소문이 나 있었다. 8년 차에는 내 반 학생은 물론이고, 옆 반 선생님과 다른 과목(수학, 국어) 선생님들의 학생 수까지 늘려 줄 만큼, 능글맞은 영업사원 같은 강사가 되어 있었다. 그리고 10년째 되는 해, 마침내 학원 대표 강사가 되었다.

그렇게 어렵게 자리를 잡았으니, '해피 에버 에프터'였으면 좋았을 텐데, 얼마 지나지 않아 매너리즘에 빠졌다. 입시 영어 강사로서 지속해서 연구해야 할 것들은 항상 있지만, 어느 정도 큰 양상들은 다 파악된 상태였다. 이전에는 없던 방법으로 익숙한 것들을 비틀어보거나 꼬아보는 것을 좋아하는 나의 성향에 반복되는 루틴은 점점 따분하고 지루하게 느껴졌다. 물론 성적이 오르고 영어에 자신감을 가지는 학생들을 보며 보람을 느낄 때도 있었다. 학생들에게는 자신감을 불어넣어 주지만, 막상 나 자신은 챙기고 있지 못하다는 생각이 들기 시작했다.

마음을 먹고 강사 생활을 마무리했다. 오랫동안 마음속에 품어온 그림 그리기와 글쓰기 같은 창작 활동을 이제는 더 미뤄선 안 되겠다는 생각이 들었다. 그만두면 당장이라도 혼을 태워 멋진 작품을 이것저것 만들어낼 수 있을 것 같았다. 그러나 막상 일을 접고, 작품을 만들려 하니 생각보다 훨씬 어려웠다. 부딪힐수록 새로운 고민이 생겨났다. 그러나 그럴 때 영어 강사 시절의 초창기를 떠올려본다. 영어 강사는 심지어 내가 진심으로 원했던 분야도 아니었는데 끝까지 잘 버텨낸 경험이었다. 그 덕분인지 내가 정말로 원하는 작가로서의 창작 활동을 "잘 버텨보자"라는 마음이 든다.

 그렇게 또다시 잘 버텨낸 1만 시간이 지나간다. 10년 뒤, 사회적으로 나는 시각예술 전업 작가로 살아가고 있다. 먼저 미술계에서는 메타 예술 작가로 자리 잡았다. 내가 인정받고 싶었던 업계 사람들은 물론이고, 문화예술에 관심 있는 일반 대중들도 내 이름을 알게 되었다. 나의 작품은 대중의 그림 감상 기준을 새롭게 정립하게 한다. 이제 많은 관중은 어떤 작품이 좋은 작품인지, 어떤 작품이 그냥 흘러가는 작품인지 볼 때 이전과는 다른 안경을 갖게 되었다. 동료 작가들에게도 미술 재료나 작업 주제, 소재 등에서 좋은 자극을 줄 수 있는 존재가 되었고, 일 년에 두 번 정도는 미술 재료에 대한 특강도 진행한다.

 10년 전, 글쓰기 교실 '마음의 소리'를 통해 생긴 글쓰기 습관은 어느덧 다섯 권의 책으로 이어졌다. 첫 번째 공저인 『점에서 선으로 그리고 물결로』를 시작으로, 취미로 전자출판했던 어린이 동화집 『토비 이야기』는 실물 출판으로 이어졌다. 영어 문법책 『p80P』는 원본은 두 번 전시했고, 예상했던 양산형 초판본에서 한 번 더 인쇄되었다. 그리고 곧 출간될 에세이도 현재 편집 마무리 단계에 있다.

영어 강사 시절의 이력을 아쉬움 없이 정리하고자, 10년 전 남겨둔 12편의 유튜브 영어 강의 영상은 지금도 일 년에 치킨 한 마리 정도는 사 먹을 수 있는 수입을 만들어 준다. 입시 영어의 패턴이 다소 바뀌고, 영어 문법 내용도 업데이트가 필요해, 영상을 새로 찍어볼지 고민 중이다. 요즘 다시 끼적끼적 작업 구상을 하는 중이다. 예전 영상으로 제법 호응을 얻었던 덕분에 5만 명의 구독자가 생겼고, 지금의 유튜브 채널은 영어 강의뿐 아니라, 다양한 꿀팁과 경험 후기들을 나누는 소통 창구로 자리 잡았다.

나는 이제 깨닫는다. 1만 시간은 단지 전문가가 되는 법칙이 아니라, '나를 다시 살아보는 법칙'이라는 것을. 첫 번째 1만 시간은 내가 원하지 않았던 일에서조차 성장을 가능하게 했다. 두 번째 1만 시간은 내가 진심으로 원했던 분야에서, 나를 다시 태어나게 하고 있다.

그리고 지금 나는, 또다시 새로울 1만 시간을 기대하며, 한 줄 한 줄 글을 써 내려가고 있다.

비키와의 대화

비키: 엄마, 사랑이 뭐에요?

나: 우리 비키, 갑자기 왜 그런 질문을 해?

비키: 갑자기 궁금해진 건 아니고, 전부터 물어봐야지 했어요. 책이든, 노래든, 영화나 드라마도 결국은 대부분 다 사랑 이야기잖아요. 심지어 웹툰까지도요.

나: 그렇지. 뭐 근데 그게 그렇게 새삼스럽게 궁금해졌어? 혹시… 좋아하는 사람 생긴 거 아니야?

비키: 그건 정말로 아니에요! 그냥… 엄마가 늘 뭐든 답을 잘해주니까요. 궁금해서 유튜브도 찾아

최경원

보고, 채팅 GPT에도 물어봤어요. 물어봤어요. 거기서도 재밌는 대답이 많았어요.

나: 음, 엄마의 생각을 듣기 전에, 그럼 먼저 비키는 사랑이 뭐라고 생각해?

비키: 음… 사랑은 오래 참고, 온유하며, 시기하지 아니하며….

나: 그거 성경 말씀 아니야? 맞는 말이지. 엄마도 예전에 글쓰기 교실 다닐 때 비슷한 질문을 받았었어. 다들 사랑하는 사람과 결혼도 하고, 자식도 낳고 살아가지만, 정작 "사랑이 뭐냐"라고 물으면 1분도 설명을 못 한다고 선생님께서 말씀하셨어. 정말로 학생인 우리 중에 몇 명에게 물어보았는데, 다들 우물쭈물했지. 그때는 좀 당황스러웠지. 분명히 매일 같이 쓰고 듣는 단어인데, 막상 정의해보려니 공허한 느낌이 들었어. 가까운 듯하면서도 먼 뜻을 가진 단어 같았지. 그날 숙제가 '사랑에 대해 글 써오기'였

거든. 며칠 동안 계속 생각했어. 버스 창가에 앉아서도, 설거지하면서도, 밤에 불 끄고 누워서도 말이야. 아빠한테도 묻고, 너희 할아버지한테도 물어봤는데 다들 긴 대답은 못 하더라. 그래도 엄마는 한 30초 정도 말했지. 당시에 읽고 있던 에리히 프롬의 『사랑의 기술』이라는 책도 힌트가 되었고, 유튜브에서 철학자들이 하는 강연도 찾아본 적 있었거든.

비키: 엄마는 뭐라고 말했는데요?

나: '사랑은 우리가 생각하는 것보다, 훨씬 많은 노력과 의지가 필요한 일이다. 또한 영화와 드라마는 사랑이 이루어지면 엔딩이지만, 정말 사랑은 그때부터가 시작이다. 마치 결혼식이 끝난 순간, 진짜 삶의 첫 장이 열리는 것처럼 말이지. 'Happily ever after' 느낌만은 오래 지속되지 않고, 오히려 갈등과 오해, 반복되는 일상 속에서 서로를 지켜내려는 노력이 필요한 것이 사랑이다.' 정도로 답했던 걸로 기억해. 사실

그때는 말하면서도 스스로 아주 확신이 서지는 않았어. 아주 흔한 답은 아니었지만 어디서 보거나 들은 문장들을 꿰맞춘 것 같기도 했지. 하지만 시간이 지나고 직접 살아보니, 그 말이 단순한 이론이 아니라 삶 속에서 체험되는 진실이라는 걸 알게 됐단다. 아빠와 싸웠던 날, 서로를 이해하지 못해 서운했던 순간들, 그런데도 다시 밥을 같이 먹고, 함께 걸으며 풀어가는 그 과정이야말로 사랑이라는 걸 깨달았거든.

비키: 제가 본 유튜브에서도 그렇게 말하더라고요. 친구랑 서운할 때도 결국 오래 같이 얘기하고 풀어야 하잖아요. 싸울 땐 정말 친구에게 서운하기도 하고 밉기도 한데, 풀고 나서 언제 그랬냐는 듯 웃고 지내면 또 너무 좋아요. 그런 게 사랑의 작은 버전 같다는 생각도 들어요. 그나저나, 다른 분들은 뭐라고 했어요?

나: 대부분 비슷하게 말했어.

"모든 걸 다 줘도 아깝지 않은 존재", "계산 없이 마음이 가는 존재" 그런 말들.

비키: 그 말도 모두 맞는 말이죠. 그러면 엄마는 여전히 사랑은 의지와 노력 그리고 과정이라고 생각해요?

나: 당일 수업에서의 답변은 그렇게 했지만, 숙제하면서는 다양한 생각을 했어. 엄마는 좀 반항아 같은 기질이 있잖아. 왜 사랑은 늘 '주는 것'으로만 설명할까? '받는 사랑'은 없나? 하는 생각이 들더라고. 그리고 정말 생각을 해보니 사랑은 정말로 '받아서 완성되는 것' 같아. 예를 들어 아빠가 엄마를 처음 좋아했을 때, 엄마는 바로 마음이 열리지 않았거든. 근데 아빠가 진심으로 엄마를 아껴주고 사랑해 주니까, 엄마도 어느 순간 그 사랑을 느끼고 마음을 열게 됐어. 그리고 엄마가 아빠한테 사랑을 주자, 아빠도 더 깊이 사랑하게 된 것 같아. 그러니까 사랑은 '주는 것'으로 시작되지만, '받아야' 점점

더 깊어지고 완성된다고 생각해. '사랑을 받는다.'라는 것을 깨닫는 순간은 단순히 누군가에게 받는 선물이나 말에서가 아니라, 상대가 내 곁에 있어 주는 시간, 나를 존중하는 태도, 작은 배려 속에서 알 수 있어. 아빠가 힘든 날에도 엄마의 말을 들어주려 했던 것, 엄마가 서운한 표정을 지었을 때 먼저 다가와 준 것, 그런 순간들이 쌓여 엄마를 변화시켰어. 엄마는 아빠에게 귀한 사랑을 받고 있다고 느낄 수 있었단다. 결국, 사랑은 주는 사람만의 힘이 아니라, 받는 사람이 어떻게 받아들이느냐에 따라 더 크게 자라는 씨앗 같아.

비키: 음… 그러니까 아빠가 처음엔 엄마를 사랑했고, 엄마가 그걸 받아주자, 아빠도 더 진짜로 사랑하게 됐다는 거죠? 저도 누가 저한테 작은 친절을 베풀어 주면, 그때 마음이 확 열리거든요. 어떤 마음이었는지 알 것도 같아요.

나: 맞아. 서로 주고받는 그 과정이 있어야 사랑이

진짜가 되는 것 같아. 사랑은 결국 주고받는 순환이야. 일방적으로 흘러가는 강물이 아니라, 바다와 구름과 비와 강으로 이어지는 순환처럼 서로 오가야만 지속되지. 그렇게 오가는 과정에서 더 깊어지고 단단해지는 거지.

비키: 근데 사랑도 종류가 많잖아요.

나: 그치. 연인 사이만이 아니라, 부모와 자식 간의 사랑도 있고, 어떤 물건이나 꿈, 신념 같은 대상에게도 사랑을 느낄 수 있지.

비키: 근데 부모는 자식을 거의 조건 없이 사랑하잖아요. 그럼, 그건 '받지 않아도 완성되는 사랑' 아닌가요?

나: 그렇게 볼 수도 있겠지. '내리사랑'이란 말 들어봤니? 손윗사람이 손아랫사람에게 아낌없이 주는 사랑이야. 그런데 자세히 들여다보면, 그 부모도 언젠가는 자기 부모에게 사랑을 받았던

최경원

사람이야. 그 사랑이 위에서부터 계속 흘러내려오는 거지. 강 위에서 눈 녹은 물이 흘러 강줄기를 이루고, 결국 바다까지 이어지는 것처럼 말이야. 결국은 받은 사랑이 있으니 줄 수 있는 거야. 엄마도 너를 키우면서 그걸 느꼈단다. 내가 널 사랑할 수 있었던 건 단순히 본능 때문만은 아니었어. 할머니가 나를 어떻게 사랑했는지, 그 기억이 몸 안에 남아 있어서 자연스럽게 흘러나온 거지. 그러니 사랑은 끊임없이 이어지고 흘러가는 강물 같은 거야.

비키: 아… 그러면 그 위로, 또 더 위로, 결국 그 맨 꼭대기에 있는 사랑은 누구한테서 시작된 거예요?

나: 엄마는 그게 하느님이라고 생각해. 우리를 조건 없이 사랑해 주시는 분, 그분이 아니고서야 세상에 그렇게도 많은 사랑이 어떻게 생겨날 수 있겠니? 우리가 누군가를 사랑할 수 있는 것도 결국은 받은 사랑이 있기 때문이지.

비키: 그런 생각은 해본 적도 없는데… 엄마 생각은 확실히 예상치 못한 답변이긴 해요.

나: 하하, 사랑에 대한 답은 여러 가지 모습일 수 있다고 생각해. 그렇지만 확실한 건, 사랑은 그냥 '주는 것'만이 아니라 받는 것도 정말 중요하다는 거야. 비키도 엄마한테 사랑을 많이 받고 자라서, 그 사랑을 누군가에게 잘 나눠줄 수 있는 사람이 되었으면 좋겠어. 그렇게 주고받으면서 점점 더 큰 사랑을 알게 되면 좋겠네. 사랑이란 단어는 짧지만, 그 안에 담긴 이야기는 평생에 걸쳐 써 내려가는 거란다.

비키: 엄마의 말을 들으니, 일단 사랑받는 사람이 되고 싶어요. 엄마에게 확실히 많은 사랑을 받았어요. 그래서 확실히 말할 수 있을 거 같아요. 사랑해요, 엄마.

나: 나도 사랑해, 비키야. 너도 귀한 사랑을 받고 있다는 것을 충분히 느끼고 있길 바라. 그리고

언젠가 네가 그 사랑을 또 다른 누군가에게 전할 날이 오겠지. 그때 오늘 이 대화를 꼭 기억해 줬으면 좋겠네.

내 마음을 내 마음대로

'내 마음대로 사는 인생'이란 무엇일까? 이는 단순한 욕망을 넘어선, 삶의 방식 자체에 대한 철학적인 질문이 될 수 있다.

내가 상상할 수 있는 세 가지 경우가 있다. 첫 번째는, 어떤 현상이 아름답게 들어맞는 순간들이다. 의도하지는 않았지만, 마치 '초끈이론[1]'처럼 알 수 없는 힘으로 모든 것이 매끄럽게 흘러가며 인생이 자연스레 계획

---

1) 초끈이론(String Theory)은 우주의 모든 입자와 힘이 사실은 길이 없는 점이 아니라, 진동하는 일차원 '끈'으로 이루어져 있다는 가설이다. 이 끈들이 진동하는 방식에 따라 전자, 쿼크, 중력자 같은 다양한 입자가 나타난다고 본다. 미시세계의 양자역학과 거시세계의 일반상대성이론을 하나의 수식으로 꿰려는 시도로, 아직 실험적 증명은 없지만, 물리학자들 사이에서는 '가장 유력한 만물 이론(The Theory of Everything)'으로 여겨진다. 그 정교한 수학적 구조와 통합적 시도 덕분에, 이 이론은 "마치 각각 다른 음을 내는 현악기들이 하나의 교향곡으로 어우러지는 듯한 아름다움"으로 비유되기도 한다.

대로 펼쳐지는 경우다. 인과 관계가 뚜렷하지 않고 논리적이지 않지만, 모든 상황은 나에게 유리하고, 복되게 주어진다. 운명과 세상의 설계가 나를 위해 맞춰진 것처럼 느껴지는 삶이다.

두 번째는, 내가 초인적인 힘이나 초능력을 갖고 있어서 세상의 모든 조건과 환경을 내게 유리하도록 바꿀 수 있는 삶이다. 문제가 생기기 전에 해결하고, 위협은 다가오기 전에 사라진다. 기회는 늘 내 앞에 놓여 있고, 세상은 완벽히 통제 가능한 세계이다.

하지만 위 두 가지는 결국 초현실적이다. 내가 살아가는 현실과 상식에서는 이해되지 않고, 내가 이해할 수 있는 세상에서는 벌어질 수 없는 상황이다. 행여 저렇게 된다면 어떤 기분일까. 계속 상상해도, 오히려 어떤 기분이 들지조차 상상이 되지 않는다.

첫 번째 상황에서는 처음에는 마치 횡재한 것처럼 기분이 좋을 것이다. 그리고 그다음에도, 또 그다음에도. 하지만 어느 순간, 알 수 없이 계속되는 행운의 인과 관계에 궁극적인 궁금증과, 결국은 풀리지 않는 답답함을 느낄 것이다. 또한, 행운이 언제까지 계속될지에 대한 불안도 찾아올 것이다.

두 번째 상황에서도 처음에는 내 능력이 재미있고 흥미로울 것이다. 능력을 절제 없이 무자비하게 쓰지 않겠다고 다짐하겠지만, 시간이 지나 힘을 통제하는 '마음의 힘'을 잃어버릴 수 있다. 그리고 결국, 내 능력이 언제까지 지속될지, 어디까지 유효할지에 대한 의심과 함께, 세상 모든 것이 시시하고 재미없게 느껴질 것이다.

두 상황 모두 어느 순간부터는 나를 행복하게만 하지는 않을 것이다. 그리고 세상의 이치가 무엇인지, 사람들의 진심은 어떤 것인지 알고 싶어도, 외부 상황은 자동으로 해결되어 버리기에 나는 그 깊이를 체험할 기회를 잃게 된다. 결국 내 마음속에는 얕은 질문만이 도돌이표처럼 남고, 오히려 더 큰 공허가 생길지도 모른다. 왜냐하면 이 두 상황 모두 내가 바뀌어서 삶을 살아가는 것이 아니라, 외부 세계가 손쉽게 변하는 것을 전제로 하기 때문이다.

그래서 나는 생각한다. 진짜 내 마음대로 사는 인생이란, 바깥세상을 바꾸는 것이 아니라 나 자신을 바꾸는 것이 아닐까? 내 마음을 내가 원하는 대로 단단히 다잡고, 내 생각과 감정을 의도한 방향으로 움직이고, 그 생각대로 몸을 움직이는 삶. 생각과 계획을 실천하게 만드는 삶 말이다. 생각보다 어렵다. 단 하루라도 내가 마음먹은 모든 일을 내 몸을 움직여 하나하나 해내는 것은 상상 이상으로 쉽지 않다. 그렇기에, 내 마음이 나를 속이지 않고, 내가 내 뜻대로 나를 이끌 수 있는 하루를 매일 반복할 수 있다면, 그것이야말로 진정한 자유, 진짜 '내 마음대로 사는 인생'이 아닐까 싶다.

고마운 내 사람들에게

안녕들 하신가요? 이 글을 누군가가 읽고 있다면, 저는 아마도 더 이상 여러분 곁에 없겠지요. 이 글을 읽고 있는 우리 가족… 누구부터 불러야 할까요. 부모님? 아니면 남편이 된 준범이부터? 순서야 어떻든, 모두 잘 지내고 있길 바랍니다. 6개월 시한부 판정을 받고 난 뒤, 제 목표는 단 하나였어요. '내가 떠난 뒤에도 여러분이 여전히 자기 삶을 살아낼 수 있기를.' 저도 매일매일 최선을 다했고, 하루하루를 감사하게 살았어요. 그러니 부디 이 글을 읽고 있는 당신의 마음에는 슬픔보다는 그리움만 살짝 남아 있으면 좋겠어요. 이제는 우리 가족 각자에게 하고 싶은 말을 간단히 남기겠습니다.

남편, 준범에게

먼저 우리 남편, 준범이. 당신 걱정은 난 안 해. 당신은 누구보다 내 소식을 들었을 때 마음이 아팠겠지만, 동시에 누구보다 건강한 정신과 마음을 가졌으니, 다시 마음을 다잡고 앞으로도 잘 살아나갈 거라고 믿어. 목표한 일은 열정을 가지고 해 나갔던 당신의 모습이 눈앞에 선해. 조만간 사회적으로나 경제적으로나 목표한 위치에 갈 텐데, 그걸 잘 이뤄낸 당신을 최경원의 모습으로 함께 하지 못하는 게 좀 아쉽네. 내가 아는 당신은 천국이나 다음 생은 안 믿었는데, 여전히 그렇다면 우주 곳곳의 내 존재가 자기를 언제나 지켜봐 주고 응원하고 있다고 생각해 주면 좋겠어. 그리고 당신은 아직 창창하고 살날이 많으니, 나만큼 좋은 사람 나타나면 꼭 같이 즐겁고 행복하게 지내. 당신은 행복한 순간을 누군가와 함께여야 더욱 의미 있어 한다는 걸 알아. 꼭 누군가와 함께 행복했으면 좋겠어. 이게 당신에게 남기는 내 부탁이자 내 유언이야.

친정 부모님께

다음으로 우리 친정 부모님. 엄마, 아빠. 서른에 접어들고 언젠가부터 엄마·아빠와 함께 한 날보다 함께할 날이 얼마 남지 않았다고 계산했던 시기가 있어요. 그런데 생각보다 이렇게 빨리 그날이 다가올 줄 몰랐고, 심지어 불효에 가까운 일이 생겼네요. 평균수명 100세 시대에 비교적 너무 짧게 살다 간 제 인생. 이 대부분에는 유독 부모님과 함께한 나날이 많은 저였죠. 그 시간 동안 늘 항상 의지할 기둥처럼 계셔주셔서 감사합니다. 부모님께 배울 수 있었던 사랑과 안식처 같은 감정을 제가 세상에 더 내려주고 오지 못해 아쉬움은 남습니다만, 덕분에 제 인생은 너무 풍족했어요. 동생 훈이도 그러할 거예요. 남은 나날 가끔은 저를 보고파야 하시겠지만, 두 분이 근래 그래왔던 것처럼 오순도순 행복하고 이제는 서로를 의지하며 건강하셨으면 좋겠습니다. 두 분 꼭 운동 적절히 하세요. 엄마 아빠 근력 운동 너무 안 해요. 단백질도 꼭 챙겨 드셨으면 좋겠습니다. 이게 제 부탁이자 유언입니다.

시댁 부모님께

 다음으로 우리 시댁 부모님. 어머니, 아버지. 며느리 참 예뻐해 주셨는데, 더 오랫동안 사랑 못 받고 이렇게 되어버려 죄송해요. 제가 친정 부모님 복도 참 좋았는데, 시댁 운도 참 좋았어요. 맛있는 것도 많이 챙겨주시고 사 주시고, 무엇보다 제 마음을 편하게 해주셔서 감사합니다. 결혼하고 더 크고 확장된 가족이 생긴 것 같아서 든든했어요. 맏아들 준범이 앞으로도 믿어주시고, 응원해 주세요. 동생들(준현, 준호)의 짝들이 생기면 저만큼 예뻐해 주세요. 준범이도요. 아버지, 늘 하시던 대로 운동 열심히 하시고 건강하세요. 어머니도 요즘 운동 열심히 하셔서 너무 좋아요~ 많은 것 걱정하지 마시고, 행복한 생각을 더 많이 하셨으면 합니다. 앞으로는 당일치기도 좋지만, 좀 더 여유롭게 1박으로 여행 다녀오세요. 준범이가 일은 할 거예요. 그렇지?

동생 훈이와 올케 후경에게

 우리 동생 훈이와 예쁜 올케 후경아. 누나도 그렇지만, 적당한 시기에 훈이랑 후경이가 결혼해서 얼마나 든든했는지 몰라. 예식을 준비하느라 우리 엄마가 좀 신경이 곤두섰지만, 그래도 늘 부모님이 말하던, 내 옆에 누군가가 나를 생각해 주고 좋은 시간을 함께해 줄 수 있다는 것만으로도 부모님 걱정을 던 것 같아서, 우리는 인생의 큰 숙제를 한 거라고 생각한다. 매형 준범이도 누나를 너무 잘 챙겨준 것처럼, 훈이도 물론 후경이를 잘 챙겨주겠지. 더욱 고마운 건 후경이가 훈이 잘 챙겨주는 모습에 내 동생 복 받았다 싶더라. 둘이 현명하게 살아나갈 것 같아서 누나가 마음이 놓이더라고. 앞으로도 둘이 그렇게 살아갔으면 좋겠어. 대화를 잘 이끌어내는 준범이 덕분에 누나가 너희들 회사 생활, 고민, 생각들을 들을 수 있었네. 인생의 시기마다 고민거리와 고려할 것들이 있겠지만, 계획을 잡아 잘 풀어나갈 것처럼 보여서 어른스럽고 믿음직스러웠어. 부모님들이 그랬듯, 잘 계획해서 문제는 해결하고, 목표는 이루어나가면서 살아가면 좋겠어. 이제는 내가 곁에 없는 준범이지만 고민이 있을 땐 준범이한테 대화 요청도 하고, 누나가 떠나기 전처럼 서로 도움이 되면 좋겠어. 어디선가 늘 응원할게.

친척과 가까운 이들에게

그리고 여기서부터는 짧게 생각나는 사람들 다 언급할게요.

준현, 준호야. 새로운 가족이 되어 막 정들어가는 참에 이렇게 돼서 아쉽네. 나를 좋아해 주고 응원해 줘서 정말 고마웠어. 늘 그렇듯, 형 준범이랑 고민하는 것들 잘 대화하면서 삼 형제 잘 지내면 좋겠다. 그리고 나만큼 좋은 짝들 얼른 부모님께 보여드리고. 건강하자.

이모. 우리 가족 모두 잘 챙겨줘서 고맙습니다. 저한테 어릴 때 맛있고 귀한 거 많이 마련해 주신 이모부 고마워요. 제사 때 늘 웃는 모습으로 구김 없이 맛있는 거 챙겨주신 큰엄마 고맙습니다. 큰아버지도 집안의 장남으로서 수고 많으셨습니다.

실없는 내 얘기 잘 들어준 우리 장남 원진이. 마음씨

가 너무 예쁜 재원이 고마워. 환수 오빠, 산민 언니, 산분 언니 나 어릴 때 재밌게 놀아줘서 고마워. 산민 언니 특히 나 개업하고 잘 챙겨줘서 고마워. 고모와 고모부도 감사합니다.

이따금 날 잘 챙겨준 동생들 민지, 미나, 연주야 고마워. 항상 내리사랑으로 챙겨준 혜은 언니 고마워. 소라, 예라, 경민, 민지 우리 20대 청춘 덕분에 너무 재밌게 보냈어. 이제는 다 가정이 생겼네. 예쁘고 건강한 가정으로 잘 지내면 좋겠다.

영국에 있는 우리 오짱. 덕분에 거북섬에서 잘 적응할 수 있었고, 행복한 추억 많이 만들었다. 그토록 원하는 예쁜 짝 만나고 좋은 아빠도 될 수 있길. 미국에 있는 권쏘. 홍자 결국 너네 보러 못 가서 미안하다.

서울 오빠. 오빠가 늘 먼저 죽을까 봐 노심초사했는데, 제가 먼저 가네요. 오빠 남은 인생 사랑이 가득한 작업 많이 제작해 줘요.

지연, 희정, 은실 쌤 잊지 못할 직장 동료들이었습니다! 아름이, 민순이, 은호, 지나, 시윤, 서경, 진훈 오빠 우리 그래도 가끔 만났는데, 나 없이도 한 번씩 잘 만나고 다들 예쁜 가정 더 완성해 나가고! 세끝북카페 인연들 다들 감사합니다.

 후회 없도록 몇 개월 더 최선을 다해 지내왔지만, 그래도 일찍 세상살이를 마무리하려니 아쉬운 점이 한 가지 생기네요. 인생은 참 여러 변곡점이 많을 텐데, 제 경험이 짧다 보니 더 많은 상상력을 하지 못하네요. 행복의 경험이 더 확장된다면, 여러분의 미래에 더 큰 행복을 빌어 줄 텐데. 그러지 못해 아쉽습니다. 이 글을 쓰는 현재의 제가 상상하고 기대하는 것보다 더 많은 행복과 좋은 경험을 하다 가길 바랍니다. 여러분께 많은 사랑을 받았어요. 사랑합니다.

존재와 유산

나는 다른 사람의 험담을 잘 듣는 편이다. 그 내용에 쉽게 동조하지는 않지만, 대부분 내 안에도 그 사람을 향한 비슷한 느낌은 있었다. 그렇기에 적당한 반응을 하며 그 그늘진 내용을 일단 들어준다. 그 감정들을 명확한 언어로 구체화하거나 확정해 오지는 않았지만, 그 대화 속에서 나도 종종 내 생각을 살짝 비틀어 말로써 감정을 내색한다. 결국, 험담의 대상이던 사람을 향해 '그 사람은 그렇게 행동할 수도 있지요'라는 식으로 마무리하면, 나는 험담의 대상을 향한 이해심 많은 사람으로 보인다. 때로는 그 어두운 내용에 일부 수긍하며 '저도 그 사람 좀 그런 부분이 있었던 것 같습니다. 당신도 그랬군요. 어떤 마음으로 하는 말씀인지 알 것 같아요'라고 동조하면, 나는 그 감정을 깨우치지 못하고 그간 참 무뎠던 사람으로 정리된다. 결과적으로 나는

최경원

어떤 이에 대한 평가를 쉽사리 하지 않는다. 너그러운 사람이 되기도 하고 때로는 미련한 사람이 되기도 하는 이런 면은 때로는 나의 장점이자 단점이다.

한 사람의 행동은 그 순간의 맥락, 그 사람의 성장 배경, 그리고 내가 알지 못하는 수많은 사정들이 복합적으로 얽혀 만들어진 결과일 때가 많다. 그렇기에 표면만 보고 판단하기보다는, 그저 '그럴 수도 있지' 하고 넘어가려는 쪽을 우선으로 택한다. 물론 이로 인해 누군가는 나를 '우유부단하다'고 여길 수도 있겠다. 하지만 나는 오히려 그것이 인간관계를 적당하고 건강하게 유지하는 방법이라고 생각한다.

나에게는 소위 말하는 '손절'이 어렵지 않다. 어떤 상황이 논리적으로나 도덕적으로 옳지 않다고 느껴지면, 그 원인과의 관계를 비교적 잘 끊어내는 편이다. 그것이 인간관계든, 일에 얽힌 이해관계든 크게 다르지 않다. 지인들은 이런 내 모습을 '무서운 사람'이라고 표현하기도 하지만, 나도 두어 번의 인내의 기회를 마음으로 센다. 나 역시 관계를 끊어내는 일은 마음이 힘들 때가 있다. '손절'은 냉정함의 결과처럼 보이지만, 그 결과는 수많은 감정의 파도가 요동쳤다가 물러난 뒤에야 나온 것이다. 하지만 그런 결정을 내리고 이행하는 이유는 훗날의 내가 그 시절을 돌아보며 스스로에게 '어리석지 않았다'고 생각하길 바라기 때문이다. 그래서 그 상황들을 회피하지 않고 버텨내는 것이다.

머물렀던 곳을 떠날 때, 나의 빈자리가 느껴지게 하고 싶지 않도록 신경 쓰는 편이다. 직장 생활 중, 세 번의 퇴사가 있었는데, 그때마다 나는 충분한 시간을 들여 인수인계를 마치고 떠났다. 입사 초반엔 업무에 서툴렀지만, 퇴사할 즈음에는 직장에서 꼭 필요한 존재가 되어있었다. 그런데도, 내가 떠난 후에도 회사가 무리 없이 돌아가길 바랐다. 법적으로는 퇴사 30일 전에 말하면 되지만, 나는 항상 두 달 전에 미리 말했다. 나의 부재를 받아들일 시간을 충분히 주고, 괜찮은 후임이 정해질 때까지 기다리기 위해서였다. 내가 영향력이 있었던 곳일수록, 내가 사라진 뒤에도 문제가 없길 바라는 마음이 큰 거 같다. 그래서 떠나기 전에는 마치 마지막 퍼즐 조각을 끼우듯, 내가 해온 일을 정리하고 빈틈을 메우는 데 집중한다. 다른 사람의 손에 업무가 넘어간 뒤에도 흐름이 끊기지 않도록, 마치 내가 없었던 것처럼 자연스럽게 흘러가게 하는 것이 나만의 방식이다.

이런 태도는 책임감 있는 태도에서 비롯된 것일 수도 있겠으나, 내가 머물렀던 자리에서 '좋은 기억'으로 남고 싶은 욕심에서 나오는 행동이기도 한다. 사람들은 떠난 사람의 존재에 대해 의외로 빨리 잊지만, 떠나는 순간 보여준 태도나 마지막 인상은 오래 남는다. 그래서 나는 마지막 순간만큼은 최대한 성실하고 깔끔하게 마무리하려고 노력한다. 그것이 내 존재를 긍정적으로 기억하게 만드는 방식이자, 언젠가 다시 만날 수도 있는 동료들과의 관계를 지키는 방법이라고 생각한다. 나중에 다시 만나도 한 치의 서운함 없이 서로 반갑고 고마울 수 있도록 말이다. 세 번의 퇴사를 통해 배운 건, '떠남의 방식'이 그 사람의 진짜 얼굴을 드러낸다는 사실이었다. 그래서 나는 내가 떠난 자리에서조차 '흐름이 끊기지 않게 하는 사람'으로 기억되기를 바란다.

나는 흔히 말하는 '뒤끝'이 있는 사람이다. 애초에 사람에게 많은 기대를 두지 않는 편이다. 그래서인지, 오히려 작게라도 품었던 기대가 어긋나면 그에 대한 실망을 오래 간직하게 된다. 이 아쉬운 마음이 복수로 이어지지는 않지만, 자신을 갉아먹을 때가 있다. 털어내 보려고 해도 그 섭섭한 감정은 쉽게 지워지지 않는다. 서로가 윈윈이 될 수 있는 합의를 이루고 나서도, 혼자 마음에 꽁한 기억을 안고 있는 경우가 많다. 이런 내가 답답하고 불편할 때가 있어, 조금 더 단단한 '쿨함'을 가졌으면 하고 바란다. 이 '뒤끝'을 부정만 하지는 않겠다. 그것은 때로 나를 지키는 울타리가 되어주기 때문이다. 과거의 상처를 반복하지 않도록 경계심을 주고, 선택을 신중하게 만들며, 나를 함부로 대하는 사람들을 거르는 필터 역할을 하기도 한다. 다만, 이 울타리가 너무 높아져서 자신을 가두지 않도록 조심해야 한다는 걸 안다.

완벽주의도 나의 오래된 그림자이다. 겉으로 보기에는 산만하고 어수선하게 비치지만, 실은 어떤 일을 마음먹고 시작하기 전까지 자신을 이해시키지 못해 망설이는 상황인 경우가 많다. 그러나 일단 마음을 먹고 나면 누구보다 깊게 몰입한다. 요즘은 다소 부족하더라도

'일단 해보자'는 자세로 살아보려고 한다. 완성도가 아쉽더라도 그렇게 해온 일들은 쌓여갈 것이고, 그 안에서 내가 배운 것들도 분명 있을 것이다. 언젠가 다시 돌아와 더 나은 결과를 만들어낼 수 있을 거라는 믿음을 가져본다. 그러다 보면, 다다를 수 없는 '완벽'의 벽에 부딪혀 깨지기보다는, '완전함'이라는 마음의 평온함에 이를 수 있지 않을까 생각한다. 다시 예전처럼 완벽주의적 게으름의 함정에 빠지기도 한다. 하지만 분명한 건, 망설이고 산만하기만 하던 내 위치가 이제는 방향성이 생기고 그쪽으로 조금씩 더 나아가고 있다는 사실이다.

나는 이제 완벽주의를 적으로만 보지 않고, 함께 갈 동반자로 만드는 방법을 터득하는 중이다. 그것은 나를 지치게 하지만, 동시에 나를 성장시켜 온 힘이기도 하다. 문제는 완벽을 향한 집착이 아니라, 그 과정에서 내가 '멈춰 서는 습관'이었다. 그래서 요즘은 '작은 단위의 완결'을 목표로 한다. 완벽한 책 한 권은 힘들어도, 불완전한 글 한 편은 오늘도 쓸 수 있다. 이 불완전함 속에서 배운 것들이 결국 쌓여, 언젠가는 내가 바라던 완성도의 결과로 이어질 것이라고 믿는다. 나는 여전히 '완벽'을 꿈꾸지만, 이제는 그 꿈이 내 발목을 잡기보다 나를 앞으로 밀어주는 바람 같은 존재가 되길 바란다.

 이렇게 다섯 가지 나의 성향들을 돌아보다 보니, 나는 내가 어떤 삶을 살고 싶은 사람인지 정리할 수 있었다. '나의 존재는 깔끔하게, 나의 유산은 묵직하게' 질량은 사라져도 중력이 남긴 무게의 자국처럼 오래도록 남았으면 좋겠다. 존재는 사라질 수 있되, 존재의 지나간 자리는 영향력 있게 남기를 바라는 마음이다. 그래서 나는 책임감을 느끼고 살고, 완벽함을 추구하고, 내 기준을 지키려 한다. 내가 이해할 수 있는 사람들만 곁에 남기고 싶은 것도 그런 이유에서일 것이다. 남은 삶의 순간들을 어떻게 쌓아 가느냐에 따라 남겨지는 무게가 달라진다고 믿는다. 나는 그 무게가 나 자신에게도, 그리고 타인에게도 의미 있는 흔적이 되기를 바란다. 이것이 바로 내가 살아가고 싶은 삶의 방식이다.

민달팽이와 분재

 이번 어버이날은 카네이션을 사지 않았다. 화분이 좋을 거 같아 분재를 샀다. 농원에서는 분재는 키우기 어렵다고 했다. 매일 물을 줘야 하고, 햇빛도 쐬게 해줘야 한다고 했다. 시댁 어른들 것까지 두 그루를 샀다. 서른 넘은 딸을 시집보내고도 아직 걱정이 많은 우리 엄마. 엄마에게 이제 내 걱정은 말고 눈앞에 있는 분재에 매일 물을 주고 신경 써달라며 한 그루를 전했다. 시댁은 며칠 뒤에나 방문할 예정이라, 남은 한 그루의 분재는 내가 며칠간 관리해보기로 했다. 날마다 물을 줘야 한다고 했으나, 구매 다음 날부터 깜빡하여 밤늦게 물을 적셔주러 주방으로 갔다.

 "엄마야, 이게 뭐람."

작은 뱀처럼 보이던 녀석. 벌거벗은 몸뚱이지만, 세상으로 적극적으로 뻗어낸 녀석의 눈. 그 눈의 모습을 보니 '이거 민달팽인가 보네' 하고 알 수 있었다. 아무런 무기도, 보호복도 없는 놈인데, 징그러움에 무서워진다. 누군가 대신 처치 좀 해주기를 바란다.

이런 일에 늘 나서주던 아버지는 이제 같이 살지 않는다. 남편도 출장을 갔으니, 결국 내가 해야 한다. 차마 죽일 순 없어서 방생해주기로 한다. 양손에 니트릴 장갑을 끼고, 주방의 일회용 수저를 모아둔 곳에서 이미 포장이 까져있던 검정 플라스틱 스푼을 집었다.

"어라? 어디 갔나?"
나는 용기를 냈는데, 놈이 사라졌다. 화분을 이리저리 돌려본다. 하필 꽃봉오리를 맺은 '홍자단'을 사서, 촘촘한 이파리와 붉은 봉우리가 눈을 어지럽게 한다. 찾았다. 작은 잎들 사이로 보이는 놈의 꼬리. 빽빽한 잎 사이로 살짝 놈을 긁어본다. 보리쌀알만 한 콩알이 하나 떨어진다.
'뭐야 이 녀석 몸이 절단되었나.'

조금 있더니, 그 콩알이 부풀고 늘어난다. 아까 그 모습이 이렇게까지 작아질 수도 있었나 싶을 정도였다. 그대로 들고 나간다. 엘리베이터 안 밝은 조명으로 녀석을 본다. 숟가락에서 떨어져 나갈까 봐 쳐다보았는데, 본의 아닌 관찰이 되었다. 녀석이 지나갈 때마다 검은 플라스틱 숟가락에 윤기 나는 길이 난다. 울퉁불퉁 굴곡 따라 놈의 눈이 짧아졌다 길어졌다 하며, 몸통이 나아갈 길라잡이가 된다. 녀석은 숟가락에서 좀처럼 떨어지지 않아 풀숲에 풀어주진 못하고 결국 나무 울타리에 올려두고 왔다. 다행히 보슬보슬 비가 내려 녀석에겐 방생되기에 나쁘지 않은 날이다.

야행성이라는 민달팽이는 내가 늑장을 부리지 않았다면 만나지 못했을 수 있다. 몸을 수축·팽창할 때 크기가 2배 차이 나는 민달팽이는, 조가비가 있었더라면 몸을 그렇게 수축해 콩알만 해진다는 것을 몰랐을 수도 있다. 내가 직접 처치해야 하는 상황이 아니었다면, 점액질이 그렇게 많은지도, 시력은 거의 없는 두 눈이 방향을 제시하는지도 알 수 없었을 것이다.

어쩌면 이 분재를 통해 매일 작은 생명을 돌보는 일이란, 그런 사소하고도 깊은 것들을 발견해가는 과정인지도 모르겠다.

점에서
●
선으로

그리고 물결로

윤진숙

아버지는 제 인생의 아픔입니다

왜 그랬을까

남편의 아내

사랑의 변주곡

잔잔하게

아들에게 사랑을 말한다

난 협상가가 되고 싶었다

그 남자에게 웃음과 의미가 찾아갈 거다

물 흐르듯이

아버지는 제 인생의 아픔입니다

 나의 어린 시절은 명랑하고 쾌활했다. 엄마의 극진한 보살핌이 있었기 때문이리라. 여느 엄마와는 다른 구석이 많았다. 특히 사납고, 좀 표독스럽기까지 했다. 동네 아줌마들과도 웃으며 잘 지내셨지만, 아이들 싸움이 어른 싸움 된다고 놀다가 내가 울거나 하면 어디서 듣고 쫓아오는지 애들은 물론 엄마들까지 꼼짝 못 했다. 엄마 덕에 난 오빠 없이도 참 편히 놀았다. 그 당시, 오빠 있는 여자아이는 건들지도 않고, 딴지도 안 걸었다. 엄마는 하나뿐인 무남독녀에겐 한없이 좋고, 하늘 아래 하나뿐인 내 편이었으며, 엄청 친한 친구였다.

 엄마와 난 20살 차이였다. 난 키가 좀 큰 편이고, 엄만 도시적인 느낌이지만 좀 작았다. 엄마가 나보다 더 쾌활했고, 웃음도 많고 다혈질이었다. 엄마보다 난 성격이 소심하고 잘 웃지 않았다. 달리기는 아주 어렸을 때부터 엄마와 하는 놀이였는데, 내가 엄청 빨랐다. 해마다 3월 1일쯤 이었을까 싶던 날에 사진관에 가서 사진을 찍었다. 엄마 팔꿈치쯤부터, 중간쯤, 어깨쯤, 귀쯤, 그러다 결국 같아지는 사진, 그리고는 커져 버린 사진, 그후로는 더 이상 사진을 안 찍었다. 내가 엄마 키를 훌쩍 넘겨 커져 버린 게 4학년 때쯤인 것 같다. 아주 아쉬웠다. 엄마와 사진 찍는 게 참 좋았는데, 어떻게 그 기억을 잊었는지... 엄마가 노인 되면 같이 찍자고 했었는데. 딸아이가 유치원, 초등학교, 중학교를 거치며 할머니와 사진을 찍었다. 물론 할머니 생각이었지만, 사실 그 사진들을 보며 '다행이다. 딸 대신 손녀가 같이 찍어 더 좋아 보인다'고 말했다. 사진들을 보면 가슴이 이상하다. 아련하기도 하고, 물그림자처럼 가슴에서 어른거려 아픈 건지 그리운 건지, 가슴이 먹먹하니 물이 찬다.

엄마와 나는 시골과 도시를 반반 섞어 놓은 듯한 곳에서 살았다. 학교에서도, 시장에서도, 사진관에서도 큰언니와 막내쯤 되는 사이좋은 자매로 많이 보았다. 부엌 바닥에 돌 공기를 풀어 놓고 많이 먹기 시합을 했고, 밤엔 자려고 이부자리를 펴고 베개 싸움으로 콜라 사러 가기 시합도 하고, 노는 걸 좋아하는 나는 초등학교

4학년 때까지도 학교 끝나고 동무들과 놀다 해거름에 찾아 나온 엄마에게 혼이 났고, 울고 나서는 업혀서 노래를 부르며 집으로 돌아오곤 했다. 난 어느 한구석 쓸쓸한 곳 없이 철들 때까지 속없이 명랑하고 쾌활했다. 항상 딸의 친구가 되어주는 엄마의 다정한 마음 덕분이었다.

  어느 순간인지 모르겠다. 엄마와 단둘이만 산다는 게 흉이 된다는 것을 알게 된 것이, 사람들이 얕잡아 본다고 느끼게 된 순간이 있었다. 그래도 잘 모르고 시간이 더 지나서 엄마가 왜 그리 사납게 날을 세웠는지 조금씩 이해하기 시작한 것은 중학교에 가서인 것이다. 초등학교 시절엔 전학을 많이 다녔다. 5번 정도로 기억을 하고 있다. 철없이 새로운 친구를 사귀는 게 좋아서 이유를 헤아려 보지도 못했고, 엄마가 재미있게 놀아줬기에 눈치도 없었다. 알고 보니 아빠가 우리를 찾아내서 찾아오면, 엄마가 옮겼던 것이다. 두분 사이가 그렇다는 것은 내가 태어나 아빠 엄마를 구분할 때부터였으니 그것이 잘못된 것이고, 몹시 부당한 것이라고도 여기질 못했다. 친구를 오래 사귈 수 있게 되고, 마음이란 걸 줄 수 있을 때, 내 마음이 있단 걸 알게 되었을 때 나를 못마땅해하는 사람도 있다는 사실을 알게 되었다. 모녀끼리 살고 있으면 안타깝고, 인정을 베풀어야 하는 게 아닌가? 왜 비난과 모멸감을 주는 것인지, 내가 해를 끼친 것도 아닌데 아빠가 없다고 왜 그렇게 못마땅해하는지 아직도 이해할 수 없다.

아버지의 부재, 엄마의 생활고, 가족이라는 구성의 틀 어짐이 누구의 잘못인지 따지지도 못하고 억울함도 없이, 그다지 어제와도 작년과도 달라지지 않은 보통의 엄마와 나의 생활에 고통처럼 한순간 쳐들어왔다. 느닷없이 뒤통수를 맞은 것처럼 멍하니, 선생님의 학생 생활기록부에서 결손가정이라는 글을 발견하게 되었다. 쓰리고, 후벼지고, 무너지는 아픔이었다. 선생님도 학적부 같은 것을 학생들이 바로 볼 수 있는 곳에 두다니 참 생각 없으시다는 생각이 들었다. 내가 결손가정이란다. 아빠는 부산에 계시는데 왜? 그동안 엄마에게 감쪽같이 속은 건가? 뭐지? 믿을 수가 없었다. 바람피우는 아빠는 바람피우는 대로 사시면 된다. 엄마는 나무에 물을 주듯이 변함없이 나에게 사랑을 주시며 곁에 있으니 변한 건 없다. 오순도순 재미나게 살 수 있으면 좋은 가정이고, 사랑하며 살 수 있으면 행복한 가정이다. 아! 그런데 놓친 것이 있었다. 아빠도 가정이다. 내 가정에는 아빠와의 '정'이 없는 것이다. 아빠와 '추억'이 없는 것이다. 아빠는 한 번도 좋을 때도, 싫을 때도 나를 견디어 준 적이 없다. 친구들의 모습에서 볼 수 있는 아버지에 대한 선망이 도저히 나에겐 생겨날 수 없다. 아버지의 부재가, 아무리 행복한 집이라도 '결손가정'이라는 것이다.

나에게 눈물 나는 우울함이 바람 부는 명상이 찾아왔다. 책을 엄청 읽었다. 성장소설, 연애소설, 탐정소설을 읽으며, 거짓과 가식, 우정과 사랑, 아픔과 배반 같은 감정들을 책으로 배웠다. 엄마 다음으로 책을 좋아하게 되었다. 문득문득 부재중인 아버지가 어떤 의미인지, 엄마에겐 어떤 의미였을지를 떠올렸다. 머리를 흔들며 잊으려 털어도 보고, 비 오는 창가에 한숨과 같이 내뱉을 수 있는 갈망처럼, 아버지는 나에게 아무것도 아닌 사람이었다. 그래도 아버지는 사춘기 시절 나에게 우울함의 뿌리이자, 나의 명상의 출발점이었다. 이슬의 차가움이 양말을 적시기도 하고, 여름 햇빛 아래 안개를 만나는 것처럼 이해되지 않고, 300년이나 되는 대나무 숲속 길처럼 나를 잃기 쉬운 부분이었다. 결국 그 모든 시간이 나의 성장 마디가 되었다.

아버지 없는 결혼식을 하고 가슴에 대나무 바람 소리를 숨겼다. 엄마와 이혼도 아니고, 사별도 아닌 아버지의 부재는 외손녀 돌잔치를 하는 날에야 비로소 끝이 났다. 마음을 열지 않고도 살아는 지는 것이겠거니, 그렇게 외손자 고기 사 먹이고 싶어서 오셨다는 아버지를 보았다. 여러 해를 통해 위로를 받거나 보상을 받을 수는 없지만, '그럴 수도 있구나' 하는 생각이 들 만큼 다녀가셨다. '이런 세월도 살아볼 수 있는 거로구나' 하는 깨달음을 얻었다.

한참 뜸하시더니 돌아가셨다는 연락을 받게 되었다. 아버지가 돌아가셨다고 하니 몹시 많이 상상이 안 갈 만큼 눈물이 쏟아졌다. 남편은 민망할 만큼 눈이 부어버린 날 쓰다듬으며 문상객에게 "제 설움으로 맺힌 한을 눈물로 푸나 봅니다"라고 설명했다. 남들 눈에는 내가 안쓰러워 보였을까? 남편 눈에는 내가 가여워 보였을까? 나이가 50이 되어서야 "그럴 수도 있구나." 하고 인생을 되돌아보며 아버지에 대한 평가를 "그럴 수도 있구나."로 접어가고 있었는데, 아직 지난 세월에 대한 말 한마디도 할 수 없었는데, 그렇게 가시면 안 되는 것 아닌가? 따뜻한 한마디는 들었어야 하는 거 아닐까? 그런데 아버지도 나도 묵묵부답, 이제는 아무것도 할 수 있는 게 없다. 그렇게 가셨다.

결손가정을 메워주시지도, 딸 가슴에 부는 대나무 숲 바람을 막아주시지도 않고, 그렇게 손자 손녀를 안아보시고, 당신 본인의 긍정만을 만들어 놓으시고 가셨다. 그래서 난 울음뿐이다. 아버지에게 할 말도, 눈물을 막을 방법도 없다. 울면서 문득 생각이 되는 한마디가 있었다. "세상에 그저 던져 놓으셨어도, 이 세상을 볼 수 있게 해 주셔서 감사합니다. 아버지는 제 인생의 아픔입니다." 밤낮으로 울고 또 울었다, 울기만 했다.

지금은 아버지 생각을 하면, 나이 먹은 엄마와 사진을 못 찍은 후회가, 엄마와 지키지 못한 약속에 시도 때도 없이 눈시울이 뜨거워진다. 다행이라고 생각한 손녀와 찍은 사진 속 엄마 얼굴이 "더 좋아 보여"라고 하는 내 변명에 웃으며 말씀하시는 것 같다. "내가 네 인생의 아픔이었다."

왜 그랬을까

 초등학교 6학년 8반이었나? 김수영 담임선생님.
 참 다정하신 분이셨다. 그동안 학년 선생님들이 매번 바뀌어 항상 낯설어했는데, 다른 분들과는 다르셨다. 내가 느껴보지 못한, 받아보지 못한, 관심과 친절을 주셨다. 미소!! 선생님은 참 잘 웃으셨던 것 같다. 눈이 웃는다는 것, 나를 보며 미소 지으시는 느낌, 그런 걸 받았다. 그래서 잠깐 난 선생님 주위를 뱅 돌아본 적도 있는 것 같다. 쉬는 시간 종이 울리고 와르르 나가서 옹기종기 무엇인가 놀이를 할 때, 어쩌다 한번 선생님이 나오셔서 아이들의 머리를 쓰다듬어 주신다. 그럼 난 미리 다른 친구 뒤로 숨어버린 기억이 있다. 쑥스러워서였을까? 왜 그랬을까? 눈에 띄고 싶은데도, 숨었다. 선생님이 내 이름을 부르며 찾아주기를 바랐던 걸까?
 우리 땐 '동아 전과'가 한 반에 3~4명 정도 있을까 말까 했고, 문방구에도 잘 없기도 하고 그랬다. 작년에 이 학교로 전학 오기 전 학교에서 4과목 시험에 3과목을 100점씩 받았다. 선생님은 나에게 남의 것을 보았다고 하셨고 난 "아니에요"라고 대답했다. 그땐 말대답이었지만, "짝꿍이 성적이 좋은 애도 아니잖아요. 그걸 보았으면 짝꿍은 왜 100점이 안 되었나요" 하는 나의 당돌한 말대답은 선생님의 할 말을 잃어버리게 했다. 요즘처럼 1인 책상이 아니라 짝꿍과 어깨를 나란히 닿을 만큼 앉아 수업을 받는 2인 책상은, 시험을 볼 때면 책가방을 가운데 세워두고 고개를 숙여야 했다. 책상 한가운데 금을 긋고 말다툼하며 넘어오지 말라고 눈 흘기고, 동그라미 그려 놓고 뻰 치기 하며 놀기도 했다. 짝꿍이 결석하면 종일 힘이 없고 맥이 빠져 있곤 했다. 누구든지 서로 짝꿍이 자기편이라고 생각했다. 다정하고, 웃음도 나누며, 반찬도 같이 먹고 친하게 지냈다. 그런 짝꿍이 나만큼이나 공부를 싫어하는 것을 아는 나는 선생님이 야속했다. 그리고는 맥없이 책상을 '탁' 치셨고, 난 깜짝 놀랐다. 선생님은 시험지를 디밀었다. 아마도 변명을 해보라는 것이었겠지. 그래서 말씀드렸다. 학교 앞 문방구 좌판이 길 쪽으로 나온 그 자리에는 매일 아이들이 이것저것 구경하고 사고 먹고 그런다. 그곳에 놓인 전과는 아무도 만지지 않았는데, 난 심심해서 떠들쳐서 문제를 풀었다. 그 당시 전과는 해답지가 뒤편에 있지 않고 문제 바로 옆에 세로줄을 긋고 답을 적고 첨삭을 달아 놓았던 터라, 한꺼번에 줄줄 읽으며 풀었다. 1시간 이상 주저앉아 읽었다고, 한 과목씩 3일을 보았는데, 4일째 문방구 아저씨한테 사지도 않을 거면서 저리 가라고 혼이 났으니 아저씨가 기억하실 거라고 말씀드렸다. 시험 문제는 토씨 하나 안 틀리고 전과 문제 그대로였으니, 선생님은 웃고 말았다. 선생님도 계면쩍으셨겠지. 그런데 웃으시다가 "책가방 싸서 집으로 가"라고 소리를 치셔서 나만 깜짝 놀라고 눈물 찔끔거리며 집으로 돌아왔던 기억이 있다.

전학을 왔고, 또다시 공부에 취미가 없었으니 열심히 놀다 학년이 바뀌고 김수영 선생님을 만났다. 이 학교는 문방구에서 전과를 팔지 않는다. 이 학교 아이들은 수업이 끝나면 교실에서 공부도 하고 운동장에서 놀기도 한다. 중간고사 날짜도 발표하고 시험을 준비한다. 그러던 중, 교실에 누군가의 전과가 돌아다녔다. 갑자기 아무 생각이 없었던 것인지, 돌아다니는 전과를 가방에 넣고 집으로 돌아왔다. '공부'란 걸 해본다. 중간고사를 봤다. 시험이 끝나고 마음이 뿌듯한데 선생님이 날 부르신다. 학교 수업이 끝나고 선생님은 다정하게 내 손을 잡으시고 "진숙아, 동무 전과를 가져갔니?" "네? 아니요." "교실에서 동무 전과가 없어졌어, 진숙이가 가져갔으면 가져오면 된단다." "네? 아니요." "그 동무가 전과를 잃어버리고 울고 있어, 찾아주고 진숙이는 선생님이 사줄게." 더 대답할 수 없었고, 울고 있었다. 일어나 집으로 향했고, 그 전과를 선생님 책상에 가져다 놓았다.

얼굴이 화끈거리고 울음이 나왔다, '아니요'라고 부정했던 것이 더욱 옥죄어 왔다. 왜 그랬을까? 난생처음 느껴본 부끄러움, 수줍어서 느끼는 부끄럼이 아니다. 잘못했음에도, 잘못했다는 말도 안 나와서였겠지. 봄이면 나무를 오르는 약한 망울처럼, 긴 겨울을 지냈기에 문을 열 듯 활짝 들이지 못하는 자그마하게 피는 연한 싹처럼, 교실 옆 화단에서 아이들 수업받을 때, 조용조용 따뜻한 햇볕에 기대어 웃음을 머금는 피기 시작하는 꽃처럼. 나는 그렇게 망울이었고, 싹이었고, 꽃이었다. 선생님 중의 선생님으로 연한 애정이 생겼고 바람이 생기기 시작했는데 잘 보이고 싶다는 한가지 마음이 동무 전과를 가져가 버리는 어리석은 꽃을 피웠다. 선생님은 햇빛인데 기대어 보지도 못하겠지? 난생처음 느껴본 수치심이었다. 선생님에 대한 마음이 수치심에 물들어 감당하기 힘들었다. 잘못했다고 말을 할 수 없었고, 난 선생님을 피해 다녔다.

돈을 몰랐을 때이다. 엄마는 그냥 돼지 저금통을 가지고 오셔서 동전을 넣으면 달랑 소리가 나는 재미로 넣어 보라 하셨다. 재미가 있었는지는 모르겠다. 엄마가 넣으라고 했으니 넣었다. 그 당시 나에게는 용돈이 없었고, 누군가 주는 사람도 없었으니, 그저 엄마는 재미를 느끼라는 걸까? 엄마가 주시고 넣으라 하시는 거라 의미를 모르는 저금이었다. 언젠가 엄마가 안 계실 때, 20원을 돼지에서 꺼내어 과자 "자야"를 사 먹었다. 잘못이라고 생각도 안 했고, 그러고도 두어 번 더 그랬던 거로 기억이 난다. 엄마는 모르셨고 그러리라고 생각도 안 하셨겠지? 이사를 자주 다녔는데, 이사비용으로 쓰신다고 저금통을 찾으셨다. 찾아다 주며 "엄마, 내가 '자야'도 사 먹고, '별건 빵'도 사 먹고 그랬어"라고 말했다. "응" 하고 대답하셨다. 잘못에 대한 인식이 없었다. 모든 게 내 맘대로였으니 독선적인 걸까? 엄마는 그렇게 잘잘못에 대한 경계를 세워 주시지 않았다. 그리고 얼마 지나서 "엄마에게 얘기도 없이 왜 그랬어?" "그때 엄마가 없었어. 먹고 싶은데 엄마가 있어야 말하지!" "그럼 엄마 있을 때 먹으면 되잖아?" "친구들 먹을 때 같이 먹고 싶은걸." "그랬구나! 그래도 다음엔 먼저 말해. 일부러 모으는 건데 꺼내면 되니? 꺼내지 않고 엄마가 사 줄 거야. 알았어?" "응, 그렇게. 애들한테는 내일 먹자고 할게." 이렇게 시간이 지난 다음에 마무리해 주니 난 언제나 행동이 먼저이고 생각은 나중에 하는 습관으로 키워졌다. 그렇게 엄마의 예쁨만 받으며 자랐다.

나는 선생님이 좋아하는 어린이가 아니었다. 엄마와의 대화에서 현문우답으로 본질을 짚지 못하는 대답을 하는 걸 보면, 얼마나 공부도 안 하고 놀기만 했는지 알 수 있다. 선생님들이 보시기에 찬찬하지도 못하고, 몹시 가벼워 예쁜 구석이 없었겠지. 하지만 김수영 선생님을 만나고 난 많이 달라진 것 같았다. 선생님에 대한 생각이 많이 달라져서 내가 관심을 두게 되고, 잘 보이고 싶어서 했고, 수업 시간에는 많이 집중도 했다. 눈에 띄고 싶었고, 시험도 잘 보고 싶었다. 지금 생각해 보면 아버지와 같은 보살핌이나 따뜻함이었을까? 그때의 감정을 되살릴 수 없어 무엇이었는지 잘 모르겠다. 아련히 무척 좋았고, 선생님이 웃으시면 더 좋았다. 전과에 대한 선생님의 물음은 예상할 수 없는 거여서 숨고 싶었다는 것만이 생각이 난다. 2학기내내 선생님을 피해 다녔다. 졸업사진 찍을 때 선생님이 사진 같이 찍자고 옆에 앉으라 부르시는데, 난 무서운 사람을 만난 것처럼 도망치듯 뒤로 가버렸다. 제대로 인사도 하지 못하고 졸업을 하고 말았다. 왜 그랬을까? 지금 생각하면 몹시 후회스럽다. 그래도 선생님이 같이 앉자며 이름 불러 주셔서 묘한 안심을 얻었다. 선생님은 '네 잘못 아니야'라고 말씀하신 것 같다. 시간이 갈수록, 가져간 전과는 동무에게 미안하게 느껴지지 않고, 선생님을 피해 다닌 게 더 큰 잘못으로 여겨진다. 동무 전과를 가져간 것이 수치심이었을까? 아니면 선생님을 피한 것이 수치심이었을까? 아니 선생님이 알고 계셨다는 것이 수치심이었다. 무엇보다 잘 보이고 싶어서 하는 내 마음, 나를 들켰다고 나는 생각했나 보다. 내 마음을 알 거라고 생각하니 선생님을 볼 수가 없었다. 그래서인지 지금도 선생님을 수치심 없이는 떠올릴 수가 없다.

남편의 아내

나는 남편과 불같은 사랑을 후회 없이 했다. 영화나 소설에 나오는 사랑 이야기처럼, 내가 할 수 있는 만큼 했다. 난 자신감이 넘치고 열정이 넘쳤다. 1978년 당시 학창 시절에는 남학생을 만나는 게 규칙 위반이었다. 규율 선생님은 주로 도덕 과목 선생님이셨는데, 방과 후면 극장으로 빵집으로 돌아다니시며 우리를 찾아내셨다. 우리는 선생님이 아주 무서웠지만, 만남을 멈출 수 없었다. 몰래 중국 식당, 빵집, 호떡집을 다니면 만났다. 당시엔 독서 서클 만드는 것도 교칙 위반이지만, 눈을 피해 만들었다. 서클 이름은 '초빈'이었고, 총 8명이었다. 여학생은 학교가 다 같은 내 친구들로 4명, 남학생들은 각각 다른 학교에서 한 명씩 4명이었다. 독서 동아리인데도 책은 별로 읽지 않았다. 서클에서 만남은 이어짐과 틀어짐이 반복되었다. 그 이유도 지금은 생각나지 않는다. 우리는 그렇게 한동안 보지 못하다가, 연합고사가 끝나고 우연히 정류장에서 다시 만났고, 그 후 5년 동안 불같은 연애를 이어가다 결혼했다. 희희낙락 재미있고 감개무량한 아름다운 날들이었다.

  40년이 넘으며 '지기'가 되었다. 일요일 열무김치가 먹고 싶으니 담아 보겠다고 내가 출근하던 시간에 장을 보러 갔다. "슈퍼 간 김에 깻잎 좀 나수 사오슈?" 열심히 인터넷 레시피를 탐독하시더니 김치에 꽂혔구나. 저녁에 집에 와보니 열무 물김치 두 통, 겉절이 한 통, 깻잎 간장 양념 두 통. 난 부자가 되었고 기분이 좋았다. 남편은 맞은편 아파트에 사는 내 친구에게 물김치 한 통을 나눠줘야 한다고 해서 그러자고 했다. 맞은편 아파트엔 내 중학교 친구가 살고 있다. 전화하고 중간지점에서 만났다. 친구는 어젯밤 남편이 내일 산에 갈 것이니 김밥을 싸달라고 해서, 새벽 배송을 받아 새벽에 김밥을 말았다고 한다. 그 소리를 듣고 우리 집 남편은 아내에게 "당신은 나라를 몇 번 구했나 봐"라고 농담을 던진다. 남편의 결혼 초를 생각하면 있을 수 없는 일이다. 입이 짧고 반찬 투정이 이만저만 아니었던, 늘 인상 쓰고 짜증 덩어리였는데 세월이 흘러 이렇게 변하게 했다.

나도 많이 변했겠지. 서로 좋은 쪽으로의 변화는 편안한 지기로 만들었다.

나는 어떤 아내일까? 남편이 변할 수 있게 내가 낮추어 소통했고, 세월이 흐르며 변화한 것이라는 것을 남편은 인정하려 들까? 본인이 잘나서 변화를 추구했다고 할 것 같다. 나의 첫 시작은 마음먹은 대로, 계획 한 대로, 말하는 대로 아무것도 되지 않았다. 일단 취직이란 걸 했는데 월급은 너무 적고, 힘들고, 일은 내가 해야 할 일보다 더 많아 고달파 어쩌질 못했다. 방법이 없었기에, 할 수 없이 그냥 주어진 대로 열심히는 살아보기로 했다. 학창 시절의 희망은 꿈으로 산화되었고, 젊은 시절의 소망은 거품으로 부서졌다. 시간은 흐르고 있었다. 그래서 '결혼'이란 걸 했다. 나의 미래를 투자할 곳을 찾았다. 집안이 잘살지도 못하고, 부모가 잘나지도 못하고, 남들처럼 대학을 가서 열심히 자신을 가꾸고 다듬어 무엇이 되려 하지도 않고, 시간이 흘러 완성이 되는 것도 참을성이 없어 노력하지도 못한다. 그래도 좀 예쁠 때, 나에게 인생을 거는 남자가 있으니 다행이다. 이 남자에게 좀 미안하다. 나와의 결혼은 본인이 많이 밑지는 도박이다. 그만한 학벌에, 그 당시 3대 기업 취직, 시골 떠나 서울에서 살아야 하는 신랑감이 어디 많았겠나. 다행히 집안의 반대가 없었기에 무난하게 결혼을 했다. 그렇게 된 아내 인데, 남편에게 저는 어떤 아내가 되었을까? 본인에게 직접 물어볼까 지금 남편 핸드폰에 있는 내 닉네임은 "가장 예쁜 마눌"이다. '마눌'이 또 있나? 그중에서 가장 예쁘다는 말이지 않나. 지인분의 핸드폰에 아들 닉네임이 '큰아들'인데, 그분은 아들 하나, 딸 하나 남매를 두었기에 아들이 또 있느냐고 주위에서 놀렸었다. '큰아들'이니까 '큰아들'로 했다는 것이다. 남편 핸드폰 기기에 5~6년 전에는 내 닉네임이 "물망초"였었다. 10년이 넘게 닉네임을 그렇게 했더란다. 기기를 바꿨으니 망정이지 '물망초'라니 많이 웃기지 않나? 본사 근무 중 미팅 시간에 책상에 전화벨이 울려 부하 직원이 보니 '물망초'가 전화했더란다. 부하직원이 보고하니 남편이 집사람이라고 해서, 직원들이 어이없는 웃음이 터졌다 한다. 잠시 해학적으로 룸살롱으로 퇴근하는 부장님이 되었다. 결혼 생활 40년 차, 연애 기간을 합치면 45년, 서클 기간 합치면 46년, 19살에 만나 정말 오래 사는 거 아닌가? 그동안의 내 연기가 수준급이다. 연약한 척, 쿨한 척. 내내 당신만 사랑하는 척. 출장과 해외 근무가 결혼 생활의 반이 넘으니, 혼자 지낸 세월 또한 아득하게 많다. 없을 땐 허전해하고. 그리워하고, 아이들도 혼자 낳고, 키우고, 교육하고, 집안 큰 일, 작은 일들을 처리했다. 그 와중에 편지하고, 전화하고, 필요해서 하고, 보고파 하다 보니, 닉네임인 '물망초'처럼 '당신만 바라본다'고 남편의 아내는 그런 아내로 살았나 보다.

세상의 끝에 있는 카페. 사실 세상의 끝에는 내가 있다. 살면서 두려워하던, 그곳에 멈춰버린 생각을, 잃어버린 줄 알고 있는 마음들, 이렇듯 끓어 나오게 해준 이들에게 진심으로 '고맙습니다.' 인사하고 싶다. 사실 좀 비겁한 시작이었다. 떠밀려서 어쩔 수 없이, 부푼 기대는 고사하고 남편은 신경질을 내며 반대했다. 그래도 점진적으로 나만의 계획을 세웠다. 남편에겐 "이 나이에 돈 벌려고 카페를 하는 건 아니잖아? 그냥 좋아하는 것, 해보고 싶었던 것 좀 해볼게. 응? 하고 싶어" 대답을 해 주진 않았지만, 남편의 아내는 시작했다. 커피, 책, 사람, 음악, 향기, 웃음 이런 것들이 도구가 될 수 있고, 중요한 요소가 되었다. '운이 좋았을 수도 있지만, 우연히 생긴 일은 아니다'라는 『타이탄의 도구들』에 나오는

크리스 사카의 말을 인용하지만, 오히려 나에게 필요한 말이 되었다. 정말로 원하는 일이니, 우연히 생긴 일은 정말 아니다. 시작과 운영을 운처럼 말할 순 있지만, 그것은 생겨야 할 때 생긴 일이다. 잠재운 바람과 숨겨둔 생각이 번개처럼 이때라고 나의 길 위에 떨어졌고, 순간 잡았다. 트렌드를 좇아서 카페를 하려면 사람 많고, 차 많은 시내에서 하겠지, 집 거실 벽을 꽉 채우고, 여기저기 쌓여가는 책들을 보면서, 끌고 나올 사명감이 필요했다. 나를 한가운데 놓고, 다양한 관점으로 문제점을 제시하고 해결하며, 좋은 피드백을 흡수하고 도움받을 것이다. 융통성 있는 동기를 발휘하여 시작하고, 자립심을 키우며, 더 큰 세상에 나를 있게 하고 싶다. 세상의 끝에서 고군분투하는 아내를 응원해 주길 바란다. 어떤 거창한 목표를 가지고, 그 목표를 달성하려는 게 아니다. '내 만족'과 '내 체계'를 갖추는 것이다. 예전에 포기했던 여러 가지 꿈들 중 하나의 폭죽을 터트리려고 한다. 세상의 끝에서, 이제 비로소 나를 세워본다.

열정이 곧 인생인 줄 알았다. 하고 싶은 것도, 가고 싶은 곳도 너무 많았지만, 인생에 있어서 열정은 도움이 안 된다는 누군가의 말이 맞는 듯, 그렇게 체념하고 그 열정을 대체하기로 했다. 결혼과 육아를 선택한다. 그런데 그것은 큰 용기였다. 이 용기는 무엇보다도 아름다운 딸과 잘생긴 아들이라는 결과지를 갖게 했다. 그리고 또 다른 애정이 길을 찾아 나이 먹어가는 남편과 아내에게 돌아오고 있다. 김치도 담가주고, 밥 먹으라고 숟가락도 놔 주며, 배려하고, 소통하며 우정이 있는 생활을 시작하게 되었다. 어쩐지 남편은 아내에게 포장지에 싸인 선물을 30대에 주고, 40대에 포장을 벗기고, 50대에 포장지를 또 한 번 벗겨낸 후, 60대에 비로소 마련한 선물을 보여주는 것 같다. 제주도 한 달 살기에서 포장을 벗은 우리 모습을 찾았다. 남편과 아내는 비 오는 올레길을 걸으며, 파도에 마음을 적시는 바람을 맞으며, 많은 것이 여행을 통해, 길을 통해 배우고, 벗기고, 내려놓고, 찾아오고, 돌아온다. 정처 없이 몇십 년을 떠돌아다니던 그 열정도 남편의 아내를 새롭게 알게 하고, 선물로 다가와 폭죽을 터트린다. 다시 찾은 열정은 선물이고, 편안하고 느긋하게 다가온 은혜로움이 무진하다.

세상에 태어나 다양하게, 안간힘을 다하며, 자신 있게, 사랑으로 꽉 채우는 빛나는 인생을 사는 남편의 아내이다.

사랑의 변주곡

 봄이면 꽃피고, 여름엔 비 오고, 가을엔 단풍 들고, 겨울엔 눈이 오고. 그렇게 스치듯 시간이 갔다. 내 인생의 터닝 포인트가 어디쯤 있는지 모르겠다. 선택할 수 없었던 부모인지, 학교 다니던 시절의 친구인지, 내가 선택한 남편인지, 자식인지, 활동하기 시작한 사업들, 운, 인연, 여행, 무엇일까. 어떤 친절, 어떤 바람이 나를 여기까지 오게 했을까? 이 만큼을 나 혼자 올 수 있었다니 난 무엇을 잃어버린 것이 분명하지만 알지 못한다. 찾아 나서고 싶진 않다. 바람에 머리를 씻으며 살고 있다.

 깊은 생각은 언제 떨쳐 졌는지 모르지만, 그저 시간을 의지하며 바르게 살고 있었다. 그렇다고 크게 이상이 있는 사람도 아니고, 좋은 습관으로 바람직한 사람도 아니고, 도드라진 욕심이 있는 사람도 아니다. 그냥 그렇게 살아오다 보니 이만큼 시간이 흘렀을 뿐이다.

대부분의 나이 드신 분들도 일상과 씨름하다 어느새 이만큼 왔다고 남들처럼 살았다고 말씀들 하신다. 커피의 쓴맛을 풍미하고 있는 순간, 문득 설탕을 언제부터 안 넣기 시작했는지 알 수 없다.

  나의 삶을 3단락으로 구분 지어 본다. 태어남은 선택할 수 없으니, 선택할 수 있는 예쁜 연애를 하고 결혼을 하게 된 시간이 1단락이었다. 그리고 내 삶을 채워준 꽃보다 활짝 핀 아름다운 아이들을 낳고, 키운 시간. 열심히 경제 활동도 했었는데 그때가 2단락이었다. 이제는 맛난 거 먹고, 여행 다니고, 손주들 재롱이나 보는 3단락으로 접어들어야 할 때이다. 하지만 집안 곳곳에 책장을 넘치는, 바닥에 쌓여가는 책들이 보였다, 낭만의 한 모퉁이에 책을 읽는 내 모습을 떠올리게 된 것이다. 나에게는 남들과는 좀 다른 사랑이 있다. 읽은 책속에 담겨 있는 단어, 글, 문장, 생각을 지워 버리지 못한다. 이야기 속의 흐름을 천천히 혹은 각박하게, 그냥 거기에 속해버리는 수긍으로만 읽고 느끼는, 그래서 시간이 조금 흐르면 잊히고, 잊히고 난 후에도 끌어안아지는 것들을 난 '사랑'이라고 말한다. 딸아이도 그런 점을 닮아 잘 끌어안고 있어 웃음이 난다. 좀 버리고 싶지만, 버린다는 건 손끝에 베이는 상처처럼 아리고, 쓰리다. 그래서 일단 내 사랑을 집에서 들고나오기로 했다. 그 생각만으로도 내 사랑은 빛난다. 빛이 나고 있다. 그래서 난 3단락을 다시 긋기로 했다. 안일하게 머무르지 말자, 아직 식지 않은 열정과 잊히지 않은 순수한 꿈을 만나자. 낭만 같은 사랑을, 노래처럼 나를 불러내는 5년 계획 프로젝트를 만든다.

친구를 잘 둔 상황도 계기가 되었다. 그 친구는 상가 분양을 받아 1년째 비워두고 임대가 맞춰지고 있지 않아서 고민하기에 내가 이용하기로 한다. 문제는 어떻게 사람들이 읽게 하지? 사람들과 내 사랑을 공유하는 방법이 있을까? 일단 나도 읽지 않은 책들을 읽기 시작했다. 맛있는 커피도 열심히 골라 책과 어울리는 맛을 찾았다. 책을 같이 읽을 친구들을 찾았고, 친구의 조언으로 내가 할 수 있는 것이 무엇이 있는지 찾아내기 시작했다.

이제는 다 커서 든든한 딸이 응원군이고, 조력자이다. 딸은 마치 제갈공명처럼 젊고 번득이는 지혜로 엄마를 가르친다. 알고 있던 세상과, 적응할 수 있는 세상이 커진다. 확장 시킬 방법을 찾기 위해, 열정만이 아닌 이성적으로 측정하는 기준을 모색하고 있다. 책은 참 재미있다. 다시 읽기 시작한 책들은 여러 가지 감정과 사람이 사는 다양한 모습들, 정신적 체계를 돌아보게 하며 내 생각을 깊어지게 한다. 어떻게 잊고 살았는지 알 수 없지만, 책 속의 오솔길을 찾아 오른쪽으로, 왼쪽으로, 돌아 돌아가고 있다. 이제 사람들과 공유할 기회를 만들고 있다.

잊고 있던 내 정체성도 찾아 다듬고 싶다. 다양한 관점에서 받아들이고 고민하고 싶다. 사랑을 가꾸려다 다른 세상을 찾았다. 잃어버린 세상, 개화된 세상, 책 속에 사는 사람들을 만나는 이것도 다른 세상이다, 책을 쓰는 사람들도 있다. 정말 즐거운 세상이다. 그동안 여행을 다녔던 것은 나의 정체성 때문이었다. 어떻게 찾는 건지, 찾으면 찾아지는 건지, 찾아 어떡할 건지도 모른 채, 그냥 장님 문고리 잡듯이 무조건 찾고 싶었다. 사전적 의미의 정체성은 '변하지 않는 존재의 본질을 깨닫는 성질, 또는 그 성질을 가진 독립적 존재'라고 말한다. 요즘은 AI에게 물어보기도 해서 나도 한번 물어보니 "나는 누구인가?"에 대한 대답이라 한다. "한 사람이 자신에 대해 가지고 있는 신념, 가치관, 역할, 소속감, 성격, 기억, 경험 같은 것들의 복합체이며, 시간에 따라 바뀔 수도 있고, 여러 가지 정체성을 동시에 가질 수도 있다"라고 설명이 되어있어 놀랐다. 너무 자세한 설명이기도 하고, 동시에 여러 정체성을 가질 수 있다니, 다중 인격자도 정체성을 말할 수 있다는 해석인가? 싶어 놀라웠다. 어떻게 살고 싶은지, 어떻게 살아가고 싶은지, 스스로 대답을 구하는 것이 정체성인 줄 알았다. 그래서 난 누구인지를 내가 알고 싶고, 한번 파악되면 본성처럼 변할 수 없는 게 아닌가? 라는 맞춤 결과를 가지고 정체성을 헤집고 있었다. 하지만 AI의 답을 통해 많은 변수가 있음을, 잘못된 해석으로 그림자만 그리고 있었다는 무의미한 사실을 깨달았다.

난 무척 능력 있는 사람이 되고 싶었다. 무엇이든지 잘하는 사람이 되기를 바랐고, 그동안 참 잘하고 있었다. 무엇이든지 참 잘하며 살아왔다. 하지만 꿈처럼 살진 못했다. 내 꿈은 어떤 것인지 까마득히 잊고 살고 있었다. 학교를 졸업하고 세상에 나와 보니, '능력'이란 가질 수가 없는 것이었고, 원하는 것들은 잊어야 했다. 다시 찾은 이 사랑, 책은 결혼 전에 가지고 있던 순수한 꿈이다, 40년 전에 묻고 꺼낼 수 없었던 '나'를 꺼내 본다. 이 새로운 '터닝 포인트'는 세상의 끝에서 도전할 수 있는 용기를 준다. 마음껏 책을 읽고 싶었다. 도서관이 흔하지도 않았고, 서점에서 구입해 읽어야 했던 책, 마음에 대해서 말하는 방법도, 쓸 줄도 몰랐던 그 시절, 책처럼 말하고, 쓰고 싶었던 소망, 그 능력 하나를 갖고 싶었다. 이제 내가 세운 프로젝트로 어려움과 두려움을 즐기며 펼칠 수 있게 되었다. 구석구석 쌓여 먼지 날리던 침묵과 잃어버렸던 갈망이 이렇게 나서서 보니, 시작해 보니, 내가 찾아내고 있음을 깨닫는다. 내가 나를 세상에 나오게 하고 있다.

사랑이다. 살아보니 다 애틋하고 눈물 난다. 돌아가신 친정엄마가 병원에 오래 계셨기 때문에 아이처럼 보채실 때가 있었다. 별것 아닌데도 자꾸 채근하신다. 난 왜 자꾸 잊는지 "알았어. 가져올게" 하고 대답하지만, 또 잊곤 했다. 매일 병원을 들렀다 퇴근을 했지만, 일주일이 지나 드디어 "가져올게"를 지킨다. 아프시기 전에 엄마가 손가방을 사셨는데, 딱 한 번 외출하셨고, 곧장 병원에 오셨기에 1년 반을 보낼 줄은 몰랐다, 그 가방을 사랑할 시간이 없었다. 만져라도 보게 가져와 보라는 채근이셨다. "사랑할 시간이 없었어."라고 하셔서 네가 웃었다. 그런데 정작 가방을 가져오니 눈을 반짝이며 깜짝 반기시는 모습이 웃을 일이 아니었다. 그렇게 사소한 것 하나에도 마음을 주고 계신다 생각하니 눈물이 났다. 돌아가신 지 어느새 6년, 가슴이 아프고 눈물 나는 별것 아닌 엄마의 사랑 가지이다. 내가 엄마를 닮아 사랑하는 걸 좋아 하나 보다. 많은 걸 사랑하며 살아가고 있다. 나의 인생 단락이 모두 사랑이다. 남편을 만난 것, 자식을 낳아 키운 것, 새롭게 시작하는 5년 프로젝트, 살면서 만났던 모퉁이, 인연, 운, 사람들까지 모두 형태와 방식, 모습은 다르지만 사랑이다. 삶 자체가 하나의 변주곡이다. 난 엄마처럼 인생의 한 귀퉁이, 책을 위한 변주곡을 석양이 지는 서쪽 세상의 끝에서 연주하기로 한다.

잔잔하게

 오대양에 적시고, 육대주를 밟아 보고 싶은 꿈은 중학교 때 꾸던 것이다. 아직도 꾸는 꿈, 미완성 꿈이다. 마지막으로 남미의 잉카와 남극의 빙하까지 밟고 돌아오면, 그 이야기를 누군가에게 할 수 있을까? 어쩌면 강연이나 나만의 글로 남기며, '오대양 육대주 완주자'라는 타이틀이 생겼을 수도 있지 않을까? 후년쯤 남미 계획을 머릿속에 그리고 있다. 이 꿈을 완성하고 싶다. 그러면 어떤 철없는 소녀 중학생의 꿈이 마침내 성취되는 것이다.

 다육이를 사랑한 지 10년이 넘었다. 좌판에 150개 정도가 있는데, 10년 후면 더 많아졌을까? 정리했을까? 좀 게으르고 나태한 나 같은 사람이 키우기에는 딱 맞는다고 한다. 하엽 정리도 부지런히 해주고, 물은 좀 덜 부지런하게 주고, 분갈이도 해줘야 하지만 말이다. 그렇지만 대여료가 있어서 지금의 공간이 아닌 어딘지 편한 대로 옮기거나, 농원을 사서 텃밭에 상추도 심어 먹으며 가을이면 김장 배추도 거두며, 소소한 즐거움과 함께 다육이를 키우고 있을지도 모른다. 그러면 화분이 배는 늘어나 있지 않을까? 가을에도 봄에도 은은하게 드는 붉은 물이 좌판에 물결이 되어 나를 유혹한다. 하나하나 만지고 정리하는 것이 나만이 할 수 있는, 상태에 따라 나만을 찾는 다육이가 있다. 정리하지 않고 농원 사장님하고 수다 떨며, 즐기고 있을지도 모른다. 찾아주는 사람이 있다면 그들과 식물 이야기, 사는 이야기를 나누고, 손수 키워낸 다육이를 선물하며 작은 행복을 나누고 있지 않을까? 지금은 키우던 다육이를 남들에게 그냥 주지 못한다. 차라리 사서 선물한다. 솔직히 좀 당황스럽지만, 참으로 인색하지만, 키우는 걸 주기가 몹시 힘들다. 이유를 알 수 없는 욕심처럼 보이지만 키우던 녀석은 마음이 아프다. 이런 마음의 극복을 위해서도 열심히 키우며, 따뜻한 마음으로 선물하고 행복해야지. 바라보며, 예뻐하고, 정성껏 돌보는 것, 이것이 바로 다육이 마음이다.

북 카페 5개년 계획을 마쳤지만, 책과 사람은 여전히

내 삶을 충전시키며 나의 중심이 되어있다. 책 사랑은 멈출 수 있는 게 아녀서 언제까지나 내 곁에 있다. 영화는 더 열심히 보고 있다. 새로 나오는 영화나, 지난 영화여도 눈 비비며 또 보고 또 보고, 스트레스에도 보고, 기분 좋아도 보고, 틈만 나면 봅니다. 시간이 생겨도 보고, 쉬는 날은 헤어날 줄 모른다. 현란한 화면이, 몽롱한 여행지가, 이해할 수 없는 세대를 인정하면서 손주 세대를 어우르는 방법이기도 하다. 또 다른 내 사랑이다. 나의 경험과 이야기가 다른 사람에게 흥미진진한 영감을 줄 수도 있지 않을까? 우리 손자들에게 유쾌하고 교훈적인 재미있는 이야기를 할 수 있기를 소망한다. "할머니 최고!!!" 응원이 내 귓가에 메아리친다.

2025년, '마음의 소리' 선생님을 만나 인연의 책을 내면서 비로소 글 쓰는 습관이 나에게 생겼다. 여행도, 다육이도 다 사람 사는 이야기이며, 책 또한 결국 사람 사는 이야기이다. 나는 밤을 좋아했었다. 글 쓰는 습관은 밤이고 낮이고 음악과 커피에 묻혀 종일 할 일 접어두고 파묻히기를 나에게 요구한다. 사람 사는 이야기, 밋밋한 이야기를 계속 쓰길 요구한다. 막막한 사람들이 읽기에 유쾌한 사람 이야기, 잔잔한 일상 같은 이야기,

특별해지려고 가는 여행을 사소하게 보내고 생각 보따리만 끌어안고 돌아와 울음을 터트리는 이야기, 다육이와 대화하는 방법까지 쓴다. 마음을 다하여 내 소리를 끝없이 쓰고 있다. 쓰기를 참 좋아했구나, 쓰고 싶어 했구나, 결국은 쓰게 되는구나. '마음의 소리' 선생님을 만나자, 인연은 돌고 돌아온다는 친정 엄마의 말씀이 현실로 다가왔다. 20대 시절에 노트를 꽉 차게 한 권을 남편에 대한 연정을 담아서 썼다. 한 권의 시집을 완성하겠다고 옆구리에 열심히 끼고 다녔었는데, 그 당시 엄마는 "하고 싶은 건 해봐라. 뭔가 새로운 게 찾아질 때, 멈춰진 걸 느끼지 못하고 지나가더라도 바라고 사무친 것들은 인연처럼 돌고 돌아 널 찾아온다. 뭐든지 성심을 다하고, 하고 싶은 만큼 해 보라" 하셨다. 생각이 난다. 엄마가 콩나물시루처럼 물을 다 흘려보내도 "콩나물은 언제 크는지 모르게 크더라" 시며 열심히 물 주기 하는 거라고 말씀하셨다. 열심히 물 주다, 잊고 살다, 태엽 돌리면 다시 움직이는 시계인가? 숨어버린 마음을 찾았다. 돌아 돌아 만난 글쓰기 선생님, 그리고 마침내 쓰게 되었다. 또 다른 나를 찾아주신 고마운 선생님을 그새 10년 세월이 흘러 추억하고 있다. 순박하시게 "사랑과 인생을 키워드로 글을 쓰는 사람입니다"라고 첫 소개를 하시던 선생님, 지금도 쓰고 계시겠지?

평소 습관 덕으로 몸을 움직이는 일에 기쁨을 느끼며, 자연 속을 잘 걷고, 산책한다. 즐거운 근심과, 작은 소소한 일들로 풍성한 대화를 사람들과 한다. 생활의 모든 구석구석을 들여다보고, 뒤돌아보며, 웃고 웃으며 잔잔하게 본다. 물그림자같이 동그라미를 그린다. 모든 것들이 코스모스 잎처럼 잘 정렬되어 있고 훈훈함이 배어 나오는 삶으로 안정적이다. 여행 이야기, 다육이 이야기, 내가 쓴 책들에 관한 이야기를 나누고, 손자들에게는 따뜻한 존재로 살아 있는 추억이자 경험을 이야기하며, 나눔을 우선시하며 단단한 소중한 시간을 살고 있다.

나는 바라는 것을 다 이룬 할머니, 잔잔한 하루하루의 소중함에 푹 빠져 있다.

아들에게 사랑을 말한다

 아들이 군에 갔을 때가 생각이 난다. 편지도 주고받 았지, 사랑한다 아들아. 내용은 하나도 기억나지 않지만, 아들에게 편지를 써야 한다고 사무실 식구들 조용히 시켰던 기억이 있구나. 너의 작은 글씨가 생각난다. 세월이 많이 흘렀고, 벌써 장가도 들었네? 잘했다. 그리고 아들에게도 아들이 생겼구나. 잘했다.

 어떤 모습의 부모가 되고 싶은지 궁금하다. 너를 낳았을 때, 엄마는 어떤 얼굴로 널 안았을까? 만약 내가 볼 수 있었다면, 엄마의 얼굴은 벅차고, 형언할 수 없는 큰, 이름의 사랑이었겠지? 아들이 병원에서 사진 찍어 보낸 강보에 싸인 아기와 너의 모습은 말할 것 없이 사랑스러웠다. 이렇게 사랑이 흐르고 있음에 감격했단다. 할머니에게서 엄마에게, 다시 아들에게, 그리고 손주에게로 흘러내려 가는 사랑에 눈물이 나더구나. 가

숨이 뻐근하다. 아들은 작은 어린 시절을 지나고, 자식을 얻은 어른의 시절이 왔어도, 엄마에겐 언제나 덩치 큰 꾀돌이 귀염둥이 곰돌이란다. 사랑하고 행복하다.

너를 바라보는 엄마의 눈 속에는 처음 잡고 설 때, 입을 뾰족하며 말하기 시작할 때, 태권도 다니기 시작하며 신나 하는 모습이, 책을 띄엄띄엄 읽기 시작할 때, 퍼즐 맞추기에 열중한 모습이 담겨 있단다.

생각만 해도 벅찬 엄마의 가슴속에는 친구들과 자전거 타던 모습이, 말 안 듣고 독불장군 같던 모습이, 학원 빠지고 피시방에 있던 내가, 맛있는 거 좋아하던 오물거리는 내 입이, 삼선 슬리퍼 끌고 논산 신병 훈련소에 들어가던 내가 있단다.

아리고 시린 엄마 마음 안에는 너의 울던 모습이, 억울해하던 너의 이성이, 좀 커서 엄마에게 충고하던 네 지혜도, 잘못 들인 습관에 안타까워하던 마음까지도 포도알처럼 알알이 촘촘하구나.

엄마가 보내온 세월처럼, 아이를 키워 가면서 아들도 하나하나 겪고 느끼게 되겠지. 어느새 엄마는 그런 아들의 모습에 코끝이 시큰하며 감동을 느낀다. 손주 녀석은 너처럼 급하지 않고 좀 더 찬찬한 녀석이길 바란다. 항상 엄마가 기다린다고 하던 말 기억하지? 어느 순간, 어느 나이, 어떤 이해력이 생길 때까지 말이야. 아직도 엄마는 기다리고 있는 부분이 있지, 알잖니? 끝없이 바라보며 기다려주고, 알 때까지 채근하지 않는 엄마의 마음을 너도 알지?

그런 게 사랑의 시작이구나. 벅차고 힘든 기다림의 사랑이지. 잎 한 장, 줄기 하나로 시작해 끝없이 높이를 알 수 없고, 얼마나 넓은지 알 수 없는 담쟁이넝쿨처럼 말이다. 뜨거운 햇볕 아래서도, 쏟아지는 장맛비에도 앞으로 위로 나아가는 담쟁이의 끈기같이 언제까지나 기다리고 기다리며 바라봐야지. 넌 작은 너의 아이를 바라보고, 먼 미래 그 아이의 미래 속에서 그 아이를 기다리며 옆에 서 있을 너를 보렴. 그렇게 보고 기다리며 곁에 있어 주는 게 사랑이야. 자식을 두었으니, 이제 진정한 사랑이 시작된 거야.

사랑이 무언지 말하려고 이 편지를 쓰고 있는데 "아들, 사랑한다" 말만 쓰고 있는 엄마가 보인다. 맹목적으로 자식에 대해선 우선하고, 넘어질지라도 서슴없이 뛰고 보는 부모 마음, 어머니의 마음은 예나 지금이나 끝없이 이어지는 것 같아. 할머니도 그러셨고, 엄마도 그래. 덩치가 남산만 하고, 척척 어려운 일 해결하는 네 모습이 대견하지만, 힘이 필요할 땐 슈퍼맨처럼 거뜬히 들어주는 아들이지만, 그래도 귀염둥이 곰돌이일 뿐이다.

사랑하면 저절로 알아진다. 강물을 생각해 보렴. 흘러간 물이 거꾸로 되돌아오지 않고, 오직 앞으로만 가는 것이 강물이자 사랑이야. 그대로 흐르니 열심히 사랑해 주렴. 지나간 사랑은 되돌릴 수 없기에, 그 순간에 마음껏, 후회 없이 주렴. 아들아, 사랑도 습관 같아서 사랑할수록 사랑하게 된단다. 바다를 만나는 강물처럼 그 사랑도 커진단다.

엄마는 자식을 키우며 스스로도 많이 컸단다. 너를 키우는 동안 엄마의 성정도 누그러졌어. 어떻게 해야 말을 듣게 할지 궁리하다가 설득하는 방법을 알게 되었고, 하나하나 연관 지어 과정을 이야기하며 소통하는 법도 하게 되었지. 넌 그냥 말하면 듣는 아이가 아니었어, 왜 해야 하는지 이해되어야만, 끄덕이며 말을 들었지, 참 어려운 아이였지만, 그렇게 남다르게 자세히 설명하고 이해시키고, 같이 장난치며 아이도 크고 부모도 만들어진다. 이제 너도 그렇게 아빠가 되겠지. 우리 손주가 어떻게 자라날지, 엄마 아들을 어떤 부모로 만들어갈지 궁금하고 기대가 된다.

  엄마에게 아들은 잘 자라주었다. 더디지만 커가는 모습에서 안도감과 의젓함을 느꼈다. 많이 기다린 보람이겠지. 사회생활을 하며 인정을 받고, 엄마를 챙기고, 특히 우리 가족 여행 갔을 때 얼마나 든든하던지, '이렇게 컸구나' 하며 큰 감동을 받았단다. 그런 모습들에 또 사랑하지 않고는 배길 수 없었단다. 그렇게 아들이 사랑을 키우더구나. 이제 자식을 두었으니, 더 큰 사랑이 되어 갈 거야. 사랑은 끝없이 커지고, 여러 색깔이며, 여러 모양이다. 사랑을 알아 가는 아들이 너무 좋다. 아들 사랑으로 세상에 없는 큰마음이 되길 바란다. 너무나 사랑하는 아들에게 큰마음, 큰 사랑을 말하고 싶었다.

난 협상가가 되고 싶었다

나는 외교와 로비를 하고 싶었다. 유창한 제2, 제3 외국어를 능숙하게 구사하는 능력과 당당한 포스에 큰 위상을 가진 외교관. 무서움 없이 거침없이 국내, 국외 골치 아픈 상황들을 지혜롭고 슬기롭게 해결하는 외교와 로비. 그런 능력의 소유자가 되고 싶었다. 지금의 현실적인 문제들도 어쩌면 내가 나서면 해결될 수 있을텐데, 그러면 얼마나 뿌듯할까? 얽히고설킨 문제들을 은밀히 만나 협상하고 소통하는 과정들이 나에게는 환상적이다.

국제 문제들, 대한민국의 살기 힘든 경제 부양책, 식상하고 돌파구 없는 정치 현실, 대통령 선거도 해야 하고, 부익부 빈익빈의 사회문제, 그리고 당장 나와 연관된 상가 공실, 임대, 수익률 등에 관한 문제까지, 너무나 많은 문제들을 다 해결하고 싶다. 위정자들은 왜 이렇게밖에 못 하는지 답답하다. 비행기를 안방 삼아 토론과 소통으로 핵심을 찾고, 주유소와 도로공사를 먹고 살게 할 만큼, 이동 거리 계산을 할 수 없을 정도로 뛰어 보고 싶다.

일본의 사과를 받아내고 싶다. 아베 총리의 '전쟁과 상관없는 세대에게 사죄의 숙명을 지우게 할 수 없다'는 가당치 않은 발언에 대해 어떻게 책임 의식을 갖도록 할 수 있을까? 도덕적 국민 의식을 갖춘 나라의 공개 사과는 마땅하며, 이는 정치공동체가 부도덕하게 행한 전쟁과 행동이 부당하여 발생한 희생자와 그 후손들에게 미치는 지속적인 영향을 인식시킬 수 있다. 부당한 행위에 대한 부끄러움과 잘못을 자연스럽게 사과하고 뉘우치는 데 져야 할 의무는 보편적이고 합의가 필요 없다. 선대와 현대를 넘어 후대가 연대 의무를 지는 것이 자연스러우며, 자신의 나라가 저지른 과거의 잘못을 사과하는 것이, 자신의 나라에 충성하는 하나의 방법이다. 공개 사과를 하지 않으면 스스로 애국자임을 포기하는 것과 같다. 애국적 자부심을 느끼려면 세월을 뛰어넘어 공동체 소속감을 느낄 수 있어야 하지 않나? 소속감에는 책임감도 동반한다. 의식이 있는 사람이 있는 나라는 책임감을 느끼고 공개 사과를 하며, 그 시대의 역사에 대한 자부심도 느끼길 바란다. 우리 역사에서 일본은 가까운 나라인 만큼 이해관계도 많았다. 흘러간 시간 속에 역사는 의미와 훈계를 찾을 수 있으며 자부심이 된다. 모든 것은 인정하고 사과함으로써 다시 앞으로 나아갈 수 있다. 아베는 없으니 이시바 시게루 총리의 10년 전후 담화를 잘 이끌어 좋은 결과의 외교를 만들어내고 싶다.

그렇게 나를 열심히 희생여 많은 이들에게 큰 도움이 되는 거대한 사람이 되고 싶었다. 누가 알아주지 않아도 나의 모든 힘을 다 쏟아 내는 외교관이 되는 꿈을 꾸었다. 하지만 하고 싶은 일만 하면서 살 수는 없다. 능력 배양도 못 미쳤고, 하고 싶다고 할 수 있는 일이 아니었다. 하고 싶었던 만큼의 노력도 제대로 해 보지도 않았고, 그저 꿈만 꾸었을 뿐이다. 초등학교 6학년 때 우연히 읽었던 나폴레옹, 비스마르크, 처칠의 전기 때문인 것 같다. 이들은 프랑스, 독일, 영국 각 나라의 훌륭하고 세계에 영향을 끼친 사람들이다. 전쟁과 외교, 정치에 일생을 바친 분들이다. 멋있었고 감히 넘볼 수 없는 위대함이 있는 분들이다. 책 내용은 잘 기억나지 않지만, 깊이 공감하며 재미있게 읽었다. 그런 사람이 세상에 존재하는 것을 그때 처음 깨달은 것이다. 많은 세월이 지난 지금은 대리 만족으로 영화를 찾아 능력자들을 보며 공감하고 있다. 손에 땀이 날 만큼 아슬아슬한 영화 속의 그들을 보며 마치 나인 것처럼, 내가 당한 현실인 것처럼 가슴을 쓸어내리고 고개를 끄덕이며 흐뭇해하고 있다. 크고 거대한 능력 있는 사람들을 영화에서나 볼 수 있다는 현실이 안타깝지만, 어쩔 수 없는 일인 것처럼 대리 만족과 체념으로 이룰 수 없는 꿈이 되고 말았다.

작게, 아주 작게라도, 주위에 오래 같이 살아온 친구들이나 지인들 간에 문제가 생겼을 때, 같이 걱정하고, 마음의 위로가 되는 대화를 나눈다. 그리고 필요한 최소한의, 혹은 최대한의 방법과 해결책을 찾아가며, 같이 싸우고 힘을 보태며 애쓰고 함께 한다.

비록 중학교 시절에 꾸었던 꿈이지만, 한때 '어떻게 살아야 할까'를 진지하게 고민했던 사춘기 시절의 삶의 꿈이었다. 바로 '만능 해결사', '협상가'가 되고 싶었다.

그 남자에게 웃음과 의미가 찾아갈 거다

한강 둔치에 꽃단장이 한창이었다. 봄빛이 지자 서늘한 저녁 한기가 강바람에 실려 왔지만, 꽃 향기와 찬 기운이 오히려 기분을 돋워 상쾌하게 느껴졌다. 좋은 기분을 몰아 한강을 건너가 보기로 했다. 한강 야경을 눈으로 쫓다가 라이딩하시는 분들이 많아 깜짝 놀랐다. 건너편에도, 나를 피하고 내가 피해야 하는 '따릉이'가 많았다. 남녀 데이트? 젊음이 좋은 건지, 따릉이를 타는 기분에 공감해서 좋은 건지, 사람들 모두 웃고 있었다. 한강의 배경과 어우러져 편안해 보인다. 나도 편안하다. 이 이상 더 좋아질 게 없어 보일 만큼 좋아 보여서 좋다.

장마철이 되면 잠실대교는 여지없이 물에 잠겨 뉴스에 나온다. 오늘 모습들이 봄 끝에 밤 아지랑이가 되고, 더운 여름이 오기 전 시민들의 다정한 풍경과 자유로운 잠실대교의 편안함을 전이시킬 수 있는 뉴스감이다. 보행자 전용도로와 자전거 도로가 잘 마련되어 있어 길도 참 편안하군! 다리 위에서 바라보는 한강의 풍경, 밤 운치가 참 아름답다. 괜히 명소가 아닌 듯하다. 다리를 건너니 뚝섬유원지, 자양나루, 워커힐 호텔 등 이정표가 가득하다. 산책이나 문화 활동에 좋은 동네다. 지금은 밤이 되었으니 우린 그냥 다시 돌아가기로 한다. 건너오는 사이에 시간이 많이 늦어지고 사람들이 조금씩 뜸해지기 시작했다. 무심코 말이 없어지며 그저 내 걸음 수만 세며 걷고 있다. 뻐근한 다리가 내일은 아우성을 지를 것 같다.

무서운 생각이 엄습했다. 대교를 반쯤 왔을까? 고개를 들어 밤하늘을 올려다보다 무심히 눈이 멈춘 곳에 옷차림이 허술한 남자 한 분이 난간에서 강물을 뚫어지라 바라보고 서 있다. 남자분 곁에는 공기의 파동이 느껴지지 않는다. 모든 것이 멈춰버린 듯, 밤공기의 서늘함이나 강바람의 서늘함이 아닌, 목덜미에 소름이 돋는 무서움이 나를 점령한다. 좀 지저분한 운동화를 가지런히 발 옆에 벗어 놓았고, 옆에는 다리 한쪽이 기우뚱할 것 같은 나무 의자가 놓여 있었다. 무서운 생각을 털어버리기라도 할 듯 나는 소리를 내어 보았다. "저기요" 남자는 반사적으로 소리에 놀란 양 엉거주춤 소리 방향을 향하다 나와 눈이 마주쳤다. 하지만 눈빛조차 보이지 않을 만큼 까무룩 어두워 그저 형상만 마주 보고 있을 뿐이다. 먼 곳 불빛들이 그저 굳어진 채 서로를 바라보고 있다는 것만 알 수 있었다.

"저기요." "그냥 지나가세요." 대답인가? 답이 와서 왜인지 반갑다. "저기요." 남자분은 대답 없이 고개를 돌려 다시 강물을 바라본다. 그 하염없음에 다시 무서워졌다. 소리 없는 발걸음으로 빨리 걸었다. 순간의 시간이 덧없이 느껴지며, 가슴이 몹시 뛰었다. 나쁜 짓이라도 하는지, 한 발짝 거리에서 그 남자분은 흠칫 놀라며 날 보았다. "날 잡으려 합니까" 난 우뚝 서서 그저 바라본다. 어찌할 생각인지 나도 모르겠다. 남자는 모든 것이 헝클어진 모습이다. 뭐지 자포자기인가? 순간 남자분을 오늘 밤 집으로 돌아가게 할 수는 있겠지만, 내일 이 자리에 올 것이라는, 혹은 뭔가 다른 방법을 찾을 거라는 자명함이 보인다. 아무 말 없이 의자 곁에 그냥 앉는다. 의자는 낡았지만 가까운 데서 보니 기우뚱하지 않고 멀쩡해 보였다. 아무 소리도 할 말도 없는 사람처럼, 모르는 사람처럼 -정말 모르는 사람 맞지만- 그저 앉아 있기 위해 온 사람처럼 앉아 있었다. 시간이 흐른다. 남자분은 신경이 쓰이나 보다. 돌아서서 다리 바닥을 마주했다.

"그냥 지나가세요." "미안해요. 그냥 지나 가 지지 않아요." "날 잡아도 소용없어요." "알아요. 내일도, 모레도 제가 이 자리에 올 수는 없어요." 시간이 흐른다. 누굴 위한 침묵인가? 억겁의 시간이란 이런 순간일까? 이렇듯 천 갈래 만 갈래 순간의 시간이 지나간다. 그 남자분은 의자를 밀어내고 내 곁에 앉았다. 작은 평화처럼 고요한 흐름이다. 친구가 소리 없이 내 곁에 와서 앉는 느낌이다. 공기마저 사람 사이사이에 자리 잡고 앉으며 소리도, 파동도 없다, 우리는 모두 함께 말을 잊어버린 것처럼 그렇게 앉아 있다. 얼마나 시간이 지났을까? 신발이나 옷가지들이 좋은 상표로 보인다, 비싸 보이는 외양에 뭔가 묻고, 늘어지고, 반듯하게 입혀져 있질 않다. 계속 며칠을 입었는지, 벗은 적 없이 계속 입고 있는 것처럼 그냥 봐도 그렇게 보이는 모양새다. 배운 사람 같아 보이고, 좋은 직장에 다닐 것 같다. 그리고 호감형으로 인상이 좋아 보인다. 뜻 없는 생각이 어디까지 가려는지 남자분을 이렇게, 저렇게 읽어 가고 있다.

"아이들과 부인을 같이 보냈습니다. 반년 전 지하철 5호선 방화 화재 때."

"……."

"집안 결혼식이 KT 여의도 웨딩 컨벤션에서 있었어요. 회사 일이 바빠 부인이 아이들과 다녀오겠다고 하더군요. 난 태워다 줄 시간은 된다고 했더니, 두 정거장 거리니 그냥 재미있게 아이들과 지하철 타겠다고, '좌청룡 우백호' 같은 자식들 앞장세우고 자랑스럽게 다녀오겠다며 나갔어요." 남자는 잠시 말을 잇지 못한다. 그 순간이 뇌리를 지나가고 있겠지. 나는 그 남자의 손을 잡아본다. 가슴이 메어 당연히 그래야지 싶었다. 아니나 다를까 남자분은 오열을 참지 못한다. 잡은 손에 힘을 주며 아무 말도 떠오르지 않고, 할 수도 없이, 망연히 앉아 있는 것뿐이 할 수 있는 게 없었다. 슬픔의 시간이 또 흘러간다.

"우린 고2 때 만났어요, 대학 졸업하고 공채 시험에 합격하고, 일하면서 연애 7년을 보냈어요. 그동안 집안의 반대도 있었고 싸우기도 했지만, 그래도 열심히 사랑하고 결혼 했지요. 아들 하나 딸 하나를 두었습니다..

부인은 나를 사랑하고, 아들과 딸을 사랑하며, 요즘은 다윤이까지 사랑하며, 그저 일생이 사랑뿐이었던 사람입니다. 마음고생을 많이 시켜서, 조그맣게 행복해하는 모습에 죄책감과 흐뭇함을 동시에 느꼈습니다. 처음 만나던 당시의 풋풋함과 사랑스러움이, 이제는 게으름과 엄살이 생기는 게 귀여웠어요. 누나들이 아직도 부인에게 모진 말을 하는 것이 나에게도 들려요. 부인이 잘 견디고도 친절하게 대하는 게 나는 마음이 아팠어요. 새 겨들지 말라고 보듬어주면 파고드는 부인이 어느새 50이 넘었구나! 싶어 마음이 더 아파요. 아이들이 자라서 든든하다고 말하던 부인은, 인생이 헛되지 않았다고, 날 만나서 행복하다고, 누구나 이렇게 살아지는 것 같다고, 누구나 살만하지 않겠느냐고, 시간이 흐르면 더 만족하고 더 행복해질 거라고 오히려 날 위로하곤 했어요. 그 마음이 나를 더 아프게 했어요. 부인을 평생 너무 사랑했어요. 남은 평생도 의지하며 사랑하며 살 거라고, 그냥 다른 생각은 할 수 없었는데 어떻게 이런 일이 생겼을까요. 부인을 안아 주던 이 팔이 너무 허전하고 공허해서 미칠 것 같아요. 믿기지 않는데도 내 곁에 부인은 없네요. 마음이 너무 아파요.

집 안 곳곳 베란다에 한가득 있는 다육이도 부인이 없다는 걸 알아요. 시들거리더라고요. 빨갛게 물들어 반짝이던 것들이 햇빛을 못 봐 그럴까요. 시들시들하더라고요. 온종일 앉아서 하엽 정리 했다고, 줄을 반듯이 들었다 놨다 맞췄다고, 분갈이해주고 좋아하다가, 퇴근해 돌아오면 앉아 있었더니 다리가 아프니 주물러 달라, 허리가 아프니 두들겨 달라, 어깨가 아파서 못 들겠다며 엄살로 찡찡거리던 부인이 집 안에 꽉 찼었는데, 지금은 너무 쓸쓸해요.

너무너무 황량해요. 아이들 깨우고 등교시키는 전쟁통에 매일매일 나까지 출근하느라 시끌시끌했는데, 쥐 죽은 듯 누구 하나 초인종 한번 누르지도 않고 조용한 그 시간과 집 안도 난 견딜 수가 없네요. 아들아이의 퉁퉁거림도, 딸아이의 깨 볶는 듯한 웃음소리가 살갑게 몸에 느껴지는데, 정작 지금은 너무 무서워요.

그저 그렇게 살아갈 줄 알았죠. 어떻게 이렇듯 한순간에 모든 게 끝날 수 있나요? 어떻게 '사고가 있었다'는 말과 함께 모든 게 사라지는 겁니까? 그냥 이렇게 없어지는 게 맞는 겁니까?

그 남자분은 울분을 이기지 못하고 막 소리 내 울었

다. 펑펑 울었다. 친구와 난 그 남자를 꽉 안아 주었다, 아무 말도, 그 어떤 소리도 낼 수 없었다. 밤하늘 꽉 차게 그 남자의 슬픔이 퍼졌다. 저 다리 아래 한강 물도 꺼억꺼억 울었다. 그러다 친구와 나도 펑펑 울었다.

모든 것이 저 강물처럼 흘러가고 말 것이다. 시간이 흘러 나이가 들어도, 흘러가고 만다는 것을 알고 살아오진 않았다. 처음 사는 내 인생이 항상 그대로일 줄 알았지 흘러간다는 것을 살아봐야, 아파보고, 잃어봐야 비로소 '저 강물처럼 흘러가는 게 인생이더라' 하고 알아진다. 살면서 좋은 것을 좋을 때 알지 못한다. 그저 전전긍긍 실수와 잘못을 메우며 '잘해야 한다'는 채찍만 휘두르며 살아간다. 사랑하는 하나하나가 멈추지 않고 흘러감을 느끼지도, 이해할 수도 없다. 강물은 잡을 수도, 멈추게 할 수도 없다 흘러가 버리고 사라져 버린다. 그 남자분은 더 몰랐겠지. 천재지변 같은 사고가 모든 것을 앗아 갈 줄 어찌 알았겠는가. 저 강물을 뚫어져라 보았으니 체념을 받아들였을까? 흘러가 버린 가족을 가슴에 품고, 저 강물엔 흘려보내지 않으리라 다짐했을까.? 꺼이꺼이 울던 남자분의 울음이 잦아들었다. 시간도 강물과 같이 갔다.

"미안합니다. 죄송합니다. 고맙습니다." 그 남자는 일어나 신발을 찾아 신었다. "꾸벅" 친구와 오던 길을 남자분은 돌아 걸어간다. 그의 어깨는 처져 있었지만, 그의 다북다북한 발걸음에서 이곳으로는 다시 오지 않을 거란 마음을 읽을 수 있었다.

온몸에서 힘이 빠져나갔는지 친구와 난 그저 그 자리에서 움직일 수가 없었다. 옆에 친구가 있어 나 자신을 어루만진다. 친구와 난 서로를 의지하고 있다. 시간이 흐른다. 사람에게 있는 이성이란 참으로 차고 온기가 없다. 하지만 편리하고 필요하다. 남자분의 살아갈 인생이 죽음을 강요한들, 삶을 강요한들 같은 것일 게다. 마음속 가장 확실한 부인과 아이들의 죽음은 믿을 수 없고, 가장 분명한 나도 죽고 싶다는 소망은 저 강물처럼 흘러가게 내버려 둘 것이다. 오늘 밤 강물을 바라보던 어떤 마음이 조금 달래지기까지는 예민한 바람의 온도, 조용한 밤하늘의 섬세함, 곁에 앉아준 사람들의 불편함 없는 민감함이 작용했을 것이다. 더 깊어졌던 아픔과 세상에 대한 원망, 배신감이 뱉어내는 본인의 소리에 녹아 바람에 흩어졌다. 동시에 작은 세상의 연대를 느껴 조금 편안해진 것이 아닐까? 그렇다. 돌아가 아침이 되면 먼저 베란다 창을 활짝 열고 다육이에게 바람과 햇빛이 통하게 할 것이다. 본인에게 필요한 것들을 하나씩 찾아오게 할 것이다. 어떤 말이 필요하겠는가? 본인이 한 모든 말들이 필요한 것이었다. 곁에 앉아 들어만 주었지만, 부둥켜안고 펑펑 울어줄 뿐이었지만, 그 순간 그 어떤 위로의 말보다도 정성스러운 마을을 나누고 느낄 수 있지 않았나? 그게 다였다. 앞으로 살면서 그 남자에게 웃음과 의미가 다시 찾아가기를 하는 바람이다.

물 흐르듯이

 자식을 두기 전, 나의 생활은 굉장히 계획적이었다. 한 가지를 하더라도 왜 해야 하는지, 얼마만큼 할 건지 분명한 목적을 두고 했었다. 끝까지 못 하고 중간에 그만두는 여러 허술한 것들도 있었지만, 그래도 사소하게 할 일들을 많이 찾았고 그런 나 자신이 우습기도 하고 재밌기도 했다. 중요하지도 않은 일에 열심히 계획하는 처음을 즐기는 건가? 그냥 계획 세우는 걸 좋아했던 걸까? 그런데 돌이켜보면 참 재미있었다.

 옛날 어른들은 "이것저것 재주 많은 사람치고 밥벌이 잘하는 사람 없다"고 말씀들 하셨는데, 내가 그 꼴이 나게 생겼다. 이것도 잘하고 싶고, 저것도 잘 하고 싶은 욕심이 많은 모습이었다. 내가 30대 전후로 많은 배울 것들이 사회에 산재했다. 그전엔 학원이 좀 있었을 뿐인데, 학원의 발전으로 취미반, 특기 반이 생겨나기 시작하던 것 같다. 배우고 익히는 것도 그랬지만, 특히 눈높이 학습지 선생님이 엄청나게 하고 싶었던 기억이 난다. 그런데 대학 4년을 배운 사람에게나 기회가 있단다. 아주 속상하고 실망했었다. 한동안 우울하기도 했지만, 아이가 생기면서 그 꿈을 잊었다. 참으로 단순했다. 단순하지 않았다면, 난 욕심에 치어서 살 수 없었을지도 모른다.

결혼 후 약 5년 정도 아이가 없었기에 시집 동네 어른들이 나를 두고 "정씨네 집 밥값 못하는 막내며느리 온다"며 논 가운데서 소리치셨다. 미나리꽝에서도 아주머니들이 그렇게 소리치셨다. 시집에 들어가려면 동네 논 가운데 길을 가야 했고, 집 주변 밭고랑도 지나야 했다. 지금은 큰길이 생기고 집 앞까지 차도 들어간다.

기차표도 예매하는 계획을 세우고, 시집에 가서 해야 할 일까지 계획도 세운다. 시골집 구석구석 먼지가 켜켜이 있고, 방이며 부엌이며 광이며 샘까지도 일을 하다 보면 항상 시간이 충분하지 않지만, 우왕좌왕하지 않고 정해진 시간만큼씩 계획하고 치웠다. 시어머님께서는 막내며느리가 먹을 것은 하나도 안 가지고 나오면서 부엌에서 종일 딸그락거리기만한다고 나를 '딸그락 각시'

라고 부르셨다. 반면 시아버님은 동네에 나가셔서 막내 며느리가 오면 재떨이 씻어줘서 예쁘다고 말씀하셨다. 아버님을 위한 설거지가 어머님을 위한 설거지가 달랐던 것이다. 이틀 있을 거면, 사흘 있을 거면 하며 치워야 할 곳들을 정했지만, 끝이 없으니 시간이나 범위를 정해야 했다. 그렇게 살아가는 모든 것들을 계획을 세운다는 걸 나 스스로 어떻게 생각했는지도 모르고 열심히만 했었다. 그러다 아이들을 키우면서 계획이란 소용이 없다는 것을 알았다. 아이를 키운다는 것은 다른 행복으로 가슴속에 고랑을 만들며 꽃밭을 가꾸는 일과 같았다. 육아 일기 쓰기도 하루하루가 벅차고 힘들었다. 즐거운 계획 세우기를 쭉 밀고 나갈 순 없어도, 그것은 여전히 나에게 강점이다. 한 가지 일이라도 계획을 세우고 지키려고 노력하는 자체가 즐겁고 행복했는데, 나는 싫증보다는 잘 안 되어도, 안 되는 만큼에서 샛길로 질러가듯 가로지르고, 우스꽝스러운 모양새여도 그 모양대로 해내는 반전이 있다. 긍정적이다. 그것도 장점이지 않을까?

  아이들을 키우며 계획이 없어도 내 맘대로 되지 않았고, 집안 대소사도 막내이다 보니 의견을 반영할 기회가 없었다. 시간이 흐르면서 일의 시작과 이유도 많아지고, 환경도 바뀌고, 조금 중요하다 싶어도 계획한 대로 되지 않으니마음 아프고, 탓하는 마음이 생기고, 실망으로 성격에 변화가 오기 직전까지 가는 일이 생겼다. 그러다 삶을 힘들지 않게 받아들이는 방법을 어렵사리 찾게 되었다.

흐르듯이 사는 것이다. 거역하지 않는 것이다. 거기에 맞춰 살아왔다. 마음을 비우듯이 겸손하게 살려고 노력했다. 물은 위에서 아래로 흐른다. 모양대로, 크기대로, 흐르기도 하고 멈추기도 하면서, 나무나 돌을 돌아서 흘러야 한다. 산에서 시작한 물이 강이 되고, 바다가 된다. 나의 장점인 '긍정'을 흘러가게 했다. 차라리 흐르게 하는 것이 방해도, 신경을 자극하지도 않아 좋았다. 그래서 일을 부드럽게, 코믹처럼 웃어넘기기도, 때로는 블랙 코미디처럼 눈물에 웃음보를 터트리기도 하며 방법을 터득하게 되었다.

2002년 당시, 부동산 긴축 정책으로 상가 대출이 엄청난 난항을 겪을 때가 있었다. 건축 사장을 앞세워 땅을 사고 5층 건물을 올리는 일을 하고 있었는데, 그 건축 사장은 여러 채의 건축을 대행하는 중이었다. 그러다 상가 대출이 정책상 막히고 상가 임대도 안 되어, 자금 사정이 나빠지기 시작했다. 선행된 건축비는 흔적이 없어지고 사채도 끌어다 쓰는 불행한 일이 벌어졌는데, 결국 부도를 내고 잠적했다. 어디서도 찾을 수 없었고 연락도 되지 않았으며, 경찰은 찾아오고, 일은 중단되고, 고지 사항이 줄줄이 내 앞으로 날아오던 그런 날이 있었다. 그 당시 땅이 시유지였다는 것을 집안에서 알게 되어 난리가 났다. 나도 모든 것을 그대로 두고 잠적해 버리고 싶은 마음이 굴뚝같았다. 장대비가 내 머리 위로 쏟아지는 걸까? 어깨와 등에 마구 떨어지는 아픔이 느껴졌다. 옴짝달싹 할 수 없고 숨도 쉴 수 없게 하였다.

혼자 설악산을 찾았다. 단풍이 한창 물들어야 할 계절이 찾아왔고, 건축업자가 잠적한 지 6개월이 지났다. 많은 시간이 흐른 듯해도, 제각제각 가야 할 만큼만 가는 야속하기 그지없는 세월이다. 그저 이 아침을 붙잡고 싶다는 뜻 없는 발걸음을 옮겨 전철을 탔고, '어디를 갈까?' 하다가 설악산을 가기로 했다. 고속터미널역에서 내려 오색으로 가는 표를 끊었다. 넋을 놓아 멀미도 하지 않고 버스를 3시간 남짓 탔는데, 어찌 됐든 나는 오색을 타고 대청봉으로 가려 했던 걸까? 무슨 생각인지, 무슨 생각을 하는지 아무런 장비도 없이 덜렁 신발 하나 신고 죽을 작정인지, 그런데 발길 닿는 대로 간다고 죽으라는 법은 없겠지. 오색에 도착하니 주전골을 열었다고 잔치를 하고 있다. 산을 보호하기 위해 5년째 막았다가 올해 열었다는 주전골을 난 뚜벅뚜벅 오르기 시작했다. 땀을 흘리며 얼마나 올라온 건지, 선녀탕을 지나 용소폭포 이정표를 보면서 가고 있었다. 왼쪽으로 물소리를 들으며 열심히 오르고 오르다 보니 사람들이 한적해졌다. "산은 땅거미가 빨리 온다고 했지? 내려가야 하지 않을까?" 그래도 주전골이 얼마 안 남았으니 목적한 곳까지는 가야 한다. 내려가는 분이 한 분 계셨다. 얼마나 남았는지 물었는데 돌아오는 대답이 어이없게도 이미 지나왔다는 것이다. 한계령으로 오르는 길 전에 주전골이 있다고. 용소폭포는 이무기가 두 마리 살다가 천년을 기다려 비 오는 날 하늘로 올라가 용이 되었는데, 한 마리는 준비가 덜 되어 오르지 못하고 바위가 되었다는 전설이 있는 곳이었다. 거기서 돌아 내려오기 시작하는데 어두워지기 시작했다. 금방 내 발이 안 보일 만큼 큰 산에 밤이 왔다. 내려갈 땐 오른쪽에 물소리를 두고 길을 잡았다. "달이 떴나?" 달이 바닥에 떠 있진 않겠지, 그렇군. 바위들이 달처럼 빛을 내며 커다랗게 계곡에 놓이기 시작했다. 꽤 큰 계곡인데, 벌떡벌떡 널찍한 바위들이 처녀 허벅지같이 허옇게 빛을 내며 숨바꼭질하듯 굽이굽이 돌아가며 보였다. 갑자기 큰 곰이 나를 덮칠 것 같아 소리도 못 지르고 섰다. 그러고 다시 보니 나무였다. 그리고 그 큰 산에서 난 웃었다. 소리가 너무 커서 더럭 겁이 났다. 그래서 또 웃었다, 미친 건가? 이런저런 얘기를 물이 건너기에 도란도란하며 성국사까지 왔다. 약수터까지 얼마 안 남았다는 안도감. 휴- 그러다 저쪽 앞에 사람인가? 그런데 뭐지? 무서움증이 온몸을 덮쳤다. 불과 100m 전방, 그리고 옆을 스쳐 지나가는데, 그 시간이 얼마나 될까? 난 땀이 났다. 무서운 검은 산길을 물소리에만 의지하여 민가로 내려왔는데, 정작 사람을 보고 이렇게 두려움을 뿜다니 이해할 수 없었다.

역시 모든 것은 내 생각과는 다른 현상, 다른 결과, 다른 이해를 요구한다. 그렇게 주전골을 다녀오고 난 후, 문제를 해결하기 시작했다. 사람을 직접 만나 어떻게든 내 요구대로 설득하고, 나도 엄포를 주기도 하면서

방안을 제시하고, 결제는 바로바로 직접 지불하며 완공하고 준공하면서 해결했다. 등기 시점에 시유지였던 땅도 개인 소유로 돌릴 수 있게 되어 모든 일이 술술 풀리듯이 잘 되었다. 긍정의 힘이 모든 이에게, 그리고 나에게 좋은 결과를 가져다주었다. 벽돌 쌓는 기술을 가진 사장님은 아내분이 암 투병 중으로 "빚을 내야 할 처지인데 결제해 주다니 엄청 고맙다."며 밤새 나오셔서 마무리를 성심성의껏 해 주셨다.

물처럼 오를 때는 왼쪽에, 내려올 땐 오른쪽에 두듯이, 주어진 모든 것에 흐름이 있다. 사람이 제일 무섭지만, 이해와 설득으로 나무를 돌듯이, 바위를 돌 듯이 물 흐르듯이 살아 지금까지 살아내고 있다. 나의 즐거운 계획 잡기에 긍정적인 성향이 물처럼 흐르며 앞으로도 좋은 시간을 만들며 보람이 되는 물 흐르는 듯한 삶이 되길 원한다.

점에서
•
선으로
━━━
그리고 물결로

지금의 나를 만든 하루들
결국에는 내가 있어야 한다
배움의 즐거움
미래의 나
내가 가장 사랑하는 미래에게
환상의 벼락
매일 같은 일상이라도 우린 결국 앞으로 나아가
내 인생은 서프보드 위에 있어

지금의 나를 만든 하루들

#0.

5살, 하얗고 좁은 정형외과 처치실 침상 위에서 고통스러워 하염없이 울고 있다. 누군가의 도움 없이 내 머릿속에 간직하고 있는 가장 오래된 기억이다. 내 오른쪽 다리에 여전히 수술 자국이 남아 있어서 그럴까.

IMF가 터진 해, 작은 월세방에서 세 식구가 살았다. 당시 작은 공장을 운영하던 아버지는 IMF를 직격탄으로 맞으면서 경제적으로 휘청했지만, 아무것도 모르는 나는 아버지 공장 앞 공터에서 그저 신나게 뛰어놀고 있었다. 그러다 담 앞에 동그랗게 말려 있던 굵은 가시 같은 '콘서티나 와이어'에 걸려 넘어지면서 오른쪽 다리가 심하게 찢어졌다.

뛰어놀던 것도, 병원에 가던 것도 전혀 기억나지 않는다. 아버지께서는 치료비 5만 원이 없어서 동분서주하며 겨우 빌려 냈던 것도 기억하지 못한다. 다만, 내 흉터만이 그때 찢어졌던 일을 기억한다.

#1.

10살 때 부모님이 일주일 동안 태국에 다녀오셨다. 어린 자녀 3명을 한국에 두고서 말이다.

나는 집 근처 어머니의 이종사촌 댁에 맡겨졌다. 어머니의 이종사촌은 내게 따뜻한 밥을 끼니마다 챙겨주셨다. 주말에는 내가 그 가족의 일원인 것처럼 같이 가족 행사에 가기도 했다. 부모님 없는 등굣길은 매우 신났다. 당시에는 우주여행을 떠나는 것처럼 매우 큰 모험을 나서는 것 같았다. 다른 집에서 부모님 없이 일주일 동안 있어야 한다고 했을 때 괜히 설렜다. 혼자 스스로 씻고 옷과 가방을 챙겨 학교에 가는 게 너무 재밌었고, 하나도 무섭지 않았다.

유치원생이던 여동생과 남동생은 외할머니 댁에 맡겨졌다. 큰아버지의 도움으로 동생들은 두 시간 거리에 있는 외할머니 댁에 맡겨질 수 있었다.

세 명 모두 학교에 다니기 시작한 뒤로는, 부모님은 이전보다 편하게 부모님만의 여행을 다니셨다. 누구에게 맡길 필요도 없이 밥과 반찬을 냉장고에 넣어두셨고, 혹시 모를 비상금을 주방 서랍에 두고서 말이다.

나는 부모님이 우리를 두고 여행을 다니는 것에 대해 한 번도 이상하다고 느낀 적이 없다. 다만, 가족 여행을 사유로 적어두고 학교에 결석한 친구가 부러웠던 적이 있다. 그래도 '부모님만의 세계가 있겠지.'라고 생각했다.

이 사건은 내게 단순히 재미있어서 특별했던 게 아니다. 오히려 내 성향을 형성하는 데 큰 영향을 줬다. 어느 부모든 자식에게 사랑을 주고 싶고 모든 걸 다 해주고 싶겠지만, 자식이 원한다고 해서 무조건 사 주거나 어디든 데려가거나 하는 게 당연한 건 아니란 걸 어렸을 때부터 알게 되었다. 또 부모님은 부모님만의 시간을 가지는 걸 보면서 부모님만의 인생이 있다는 걸 받아들이게 되었는데, 이것이 정신적으로 부모님으로부터 비교적 빨리 독립하는 데 도움이 되었다.

#2.

지금의 나는 다른 사람들처럼 자연스럽게 행동하는 것 같다. 활발해 보이지는 않아도 무난하다. 눈을 마주치면 '안녕하세요.'라고 웃는 얼굴로 인사하고, 상대방이 먼저 얘기하고자 한다면 기다렸다가 듣는다. 그게 아니어도 '날씨가 너무 덥죠'라든지, '요즘 어떻게 지내나요?'라고 안부를 묻기도 한다. 하지만 그렇게 되기까지 -지금도 서툴지만- 훨씬 더 서툴렀고, 나에 대한 수많은 걱정과 두려움을 항상 가슴에 품고 살았다.

7살, 어린이집에서 음식상 앞에서 사진을 찍는 데 왕관을 쓰고 혼자 찍게 되었다. 당시 생일인 사람이 나 혼자여서 혼자 찍게 된 건지, 두 명이 찍고 혼자 남게 되어서 그런 건지는 정확하게 기억나지 않지만, 혼자라는 사실이 그렇게 싫었다. 수많은 양의 맛있는 음식을 두었으니 행복한 날이었음에도, 카메라 앞에서 펑펑 울었다.

9살, 하굣길에 혼자 집에 가다 뭔가 재밌는 게 있었나 보다. 그렇게 즐기고 나서 당시 살던 아파트 앞까지 갔는데 이상하게 손이 가볍다. 실내화 주머니를 두고 온 것이다. 사실대로 말하면 되는데, 당시 물건을 잘 잃어버리고 다니던 나는 또 혼날까 봐, 또 창피당할까 봐 아무에게도 도움을 청하지 않고 뒤를 돌아 물건을 찾으러 가기 시작했다. 심지어 어디에 두었는지도 몰라서 학교 주변 온 동네를 다 돌아다녔다. 남들 눈에 띄지 않으려고 고개를 푹 숙이고 돌아다닌 지 두 시간 정도 지났을 때, 지저분해진 실내화 주머니를 찾을 수 있었다. 그 자리에 있어서 다행이라는 생각과 동시에, 이리저리 뒹굴어진 실내화 주머니의 모습에 참 속상한 날이었다.

또 한 번은 학교에는 안에서 잠그면 열기 힘든 화장실 칸이 있었는데, 매번 잊고 같은 칸을 썼었다. 그러다가 내가 들어갔는데 도저히 무슨 짓을 해도 열리지 않는 것이다. 그래서 창피함을 무릅쓰고 문을 열어달라고 소리쳤다. 남자 선생님이 와서야 화장실이 열렸다. 왜 잘 열리지 않는 화장실을 기억하지 못하고 매번 가서 이런 일이 '왜 나에게만 발생하냐' 하고 생각했다.

11살, 내 이름이 흔해서 한 반에 나와 같은 이름을 가진 학생이 나를 포함해 총 세 명이었다. 성을 떼고 이름만 부르면 누구를 부르는지 알 수 없었다. 나를 부르는 줄 알았는데 내가 아니었을 때 별 말이 아니었는데도 위축되었다. 같은 이름을 가진 친구와 괜히 비교해 보고는, 셋 중 이유 없이 제일 못난 것 같아 초라해지기도 했었다.

13살, 반에서 제일 친하다고 생각했던 친구가 내가 싫다고 했다. 이유를 물어보니 그냥 싫다고 했다. 나는 그저 울었다. 이 모든 것은 내 잘못이라고 생각했다. 그래도 혼자 학교 다니기는 싫었던 건지, 아무렇지도 않은 척 다른 친구들에게 말을 걸었다.

내가 서툴렀던 이유는 단순히 어려서였을까. 물론 태어난 지 얼마 안 돼서 경험이 상대적으로 적다 보니 어른보다 서툴 수밖에 없다. 서툼이 남들에 비해 오래갔던 이유는, 바깥에서 본 제삼자의 모습을 '평균'으로 여기고 평균과 다른 나를 평균 안으로 꿰맞추려 했기 때문이다.

그러다 보니 남과 나를 항상 비교할 수밖에 없었다. 내 어린 시절은 남들과의 비교로 위축된 삶의 반복이었다. 속으로 끊임없이 다른 사람과 비교했다. 처음에는 행동에서부터 시작했다. 가끔 행동이 남들과 달라 면박을 들을 때가 있다. 처음에는 '왜 조심하지 않니', '왜 우니', '이상한 것 같아' 등의 꾸중 섞인 소리를 듣고 눈치 보기 시작했다. 그런데 점차 그런 소리가 듣기 싫어 어떠한 행동을 할 때마다 눈치를 보고 비교하곤 했다.

행동의 비교는 학교 성적, 외모, 패션 등 겉으로 보이는 것으로 확대되었다. 시험이 끝나고 성적이 나오면 높은 등수의 학우보다 못난 존재가 된 것 같았고, 약간의 뱃살이라도 보이는 게 싫어서 일부러 펑퍼진 옷만 골라

입기도 했다. 끝없는 비교는 나의 내면과 외면 모두를 실제로 더 초라하게 만들었다. 그렇게 개성 없이 조용한 학생이 되었다.

#3.

중학교 3학년 때 신도시로 이사를 했다. 몇백 명의 학생이 한 번에 전학을 왔고, 전학이 다른 동급생보다 좀 늦어서 반편성을 다 하고 새롭게 편성되는 반에 들어갔다. 처음부터 들어간 것도 아니다. 이미 편성된 반에서 3주 정도 임시로 다니다가 나를 포함해 19명의 추가 전학생이 왔을 때 마지막 반인 7반으로 반을 옮겼다. 그래서 다른 반이 약 40명일 때, 우리는 졸업할 때쯤 보니 약 25명 되는 소수 학급이었다. 3학년 7반의 많은 학생이 전학 초반 1반부터 6반까지 임의로 지정된 반에서 임시로 지낼 때, 어차피 떠날 걸 알았기에 마음이 붕 뜬 채로 학교에 다녔다. 늦게 반이 만들어지는 특수한 상황을 같이 겪었다는 연대감이 생겨서 그럴까 더 특별하고 재미있게 학교에 다녔다.

6월 어느 날, 학교에서 사건이 발생했다. 피의자 A, 그리고 피해자 B와 C가 있다. 피의자 A는 1살 차이 언니가 있고, 언니는 미용 고등학교에 다니면서 기숙사에 살기 때문에 언니와 따로 산다고 본인을 소개하고 다녔다. 특히 나는 A네 집에 놀러 갈 만큼 처음에는 친하게 지냈다. 학기 초반 A, B, C는 나를 포함한 다른 친구와 같이 어울려서 다녔다.

그런데 5월 말, 학기 중간 이후부터 A가 B와 C를 모아 따로 점심을 먹고 셋만 어울리기 시작했다. 나, 그리고 같이 다니던 다른 친구들을 배제했고, 본인들만의 비밀을 만들어가는 것 같았다. 당시 아무에게도 얘기하지 못했지만, 두 무리로 나눠진 게 꼭 내 잘못 같았다.

A가 전학 오기 전에 같은 학교에 다녔던 남학생들을 B와 C에게만 은밀하게 소개해 줬다. B와 C는 소개받은 지 하루 만에 그들과 사귀게 되었다. 당시에는 A, B, C의 관계, 친한 남자인 친구, 일명 '남사친'이 있다는 것, 그리고 그들에게 소개받아서 사귀는 것까지 잠깐의 시간 동안 그들의 모든 게 부러웠다.

그런데 이 모든 과정은 인터넷상으로만 이루어졌다. A의 소개, 소개 후 B와 남학생 그리고 C와 남학생이 알아 가는 단계, 연애의 시작 모두 말이다. 사귄 지 2~3

일 되었을 때, B, C와 사귀던 남학생 중 한 명이 오토바이 사고로 갑작스럽게 죽게 되었다고 했다.

당시 나는 이상한 점을 하나도 느끼지 못했는데, 나와 같이 지내던 다른 친구들은 A, B, C가 겪은 상황이 이상하다고 생각했던 것 같다. B와 C가 실제로 사귀게 된 남학생과 만난 적이 없었던 점, 그리고 사귄 지 얼마 안 돼 남학생이 갑자기 죽은 게 이상하다며 A가 전에 다니던 학교와 친구들에 대해 알아보자고 했다. 혼란스러웠던 나는 친구들과 잘 어울리고 싶어 알겠다고 했다. 방과 후에 다른 친구의 집에서 컴퓨터로 싸이월드에 들어가 A와 관련된 정보를 찾기 시작했다.

페이지들을 열다보니 A의 지인과 A가 소개해 준 남자들이 전부 우리보다 1살씩 나이가 많았다. 이 부분에 대해 수상하다고 생각하면서 계속 다른 정보를 찾아보다가, 갑자기 내 뇌리에서 그 친구 집에 갔을 때의 집 구조가 생각이 났다. 한쪽은 부모님 방이고 한쪽은 A의 방이었는데, A 방에는 침대가 하나였고 나머지 방은 언니의 방이라 했는데 침대가 없었던 게 스쳤다. 이 사실을 얘기했고, 곧 A의 언니는 A와 동일 인물이라는 사실이 드러났다.

알고 보니 한 살 더 많았던 A는 학교 폭력 피해 등 모종의 이유로 학교를 일 년 쉬었다가 한 학년을 낮춘 채 전학 오면서 다시 학교에 다니기 시작했다. 한 살 위라는 것을 드러내고 싶지 않았던 A는 한때 한 학년 위였던 본인을 '언니'로 둔갑시켰고, 기숙사에 다니게 함으로써 우리와 마주칠 일이 없도록 했다. 또한, B와 C가 사귀었던 남자도 모두 A가 B와 C의 환심을 사기 위해 만들어낸 인물이었다. 거짓말이 금방 들통날 것을 염두에 두었던 A는 B와 C가 사귀기 시작한 지 얼마 안 되어 바로 헤어지자고 한 것이다.

2학기가 된 어느 날, B와 C가 울고 있었고 그들의 어머니들까지 학교에 찾아왔다. 알고 보니 A는 B와 C와 친구처럼 지낸 게 아니었다. 지금 와서 생각해 보면 일명 '가스라이팅'이었다. B와 C는 A가 하는 말에 맹목적으로 따랐고, 정신적 폭력에 놓이기 쉬운 환경이 되었다. A는 B와 C를 정신적으로 지배하였고, 고압적인 태도로 그들을 대했다. 이걸 알게 된 B와 C의 어머니가 A를 신고하였고, B와 C, 그들의 어머니와 선생님이 모여 심각하게 면담한 것으로 안다. 면담 결과는 알 수 없었고, 다만 그 뒤로 A는 졸업할 때까지 학교에 더 이상 나오지 않았다. 또한, 생각해 보면 A가 거짓말을 습관적으로 하고 마치 거짓말이 사실이 된 것처럼 행동했던 것을 보면, A가 '리플리 증후군'을 겪었을지도 모른다고 생각했다.

나도 피해자가 될 수 있었다. A와 B, C 관계의 본질을 보지 못하고 그저 눈치 보고 부러워하는 데 바빴으니까. 그게 창피한지는 아니까 아무에게도 얘기하지 못했다. 그리고 판단력도 없어서 다른 친구의 얘기를 듣고 나서야 뭔가가 잘못되었음을 깨달았다. A와 B, C의 관계를 다른 친구의 얘기를 듣고 나서야 알았으니까. 그저 운이 좋았던 거지. 어쩌면 사건 밖에 있던 관찰자, 아니 사건을 바라보기만 했을 뿐 개입할 힘조차 없었던 어리석은 방관자였을지도 모르겠다.

결국에는 내가 있어야 한다

#1.

나에겐 내가 제일 소중하다.

아무리 봐도 내가 제일 소중하다.

나에게서 내가 제일 소중하지 않다면 살아가야 하는 이유가 무엇인가.

굳이 없다.

물론 누군가는 다른 사람을 위해 살아간다고 할 것이다.

하지만 그 전에 내가 있다.

내가 존재하기 때문에 내게 소중한 누군가를 챙겨줄 수 있는 것이다.

나라는 존재가 없다면 내게 소중한 누군가를 위해 사랑을 주는 나도 없다.

나란 존재 자체가 내가 살아가야 하는 근본적인 이유가 된다.

#2.

바리스타는 나의 현재 생활 수단이다.

처음부터 바리스타가 되고 싶었던 것은 아니다. 카페를 열 기회가 생기자, 자녀들에게 일할 수 있는 일터를 만들어 주고 싶었던 아버지의 뜻에 따라 여동생과 남동생이 같이 시작했다. 하지만 카페 오픈 후 생각처럼 운영이 잘 되지 않다 보니, 나도 같이했으면 좋겠다는 아버지의 조언에 따라 같이 카페 일을 시작하게 되었다. 그마저도 뜻대로 되질 않아 카페를 잠시 닫았다가, 가맹점으로 다시 카페를 시작했는데, 이때 내가 카페 대표가 되어 있었다.

물론 처음부터 일을 잘하지는 못했다. 이전에 카페에서 일해 본 경험이 없어서 급하게 카페 기본 업무와 레시피를 배워서 시작했는데, 그걸 따라 하는 것만으로도 힘들었고 적응하는 데 약 1년은 걸린 것 같다. 처음에는 손님이 단체로 왔을 때 빠르게 음료를 내주는 것, 그리고 온종일 서서 일하는 게 제일 힘들었다. 그래서 시작하고 중간에 한 번씩 몸과 마음이 벅차서 '왜 이런 일을 해야 할까'란 생각도 많이 했다. 일의 보람이 생각보다 크지 않았기 때문이었을까.

그래도 카페 일에 적응해 가기 시작했고, 그제야 해야 할 일들이 조금씩 보였다. 사진 찍기 좋게 예쁘게 메뉴를 내놓기, 포스터 만들기, 광고하기, 새로운 메뉴를 계속 연구하기 등 해야 할 일이 많았다. 지금도 여전히 많다.

일을 시작하기 전에는 어떤 일부터 시작해야 할지 잘 모르겠고 끝이 보이지 않아서 선뜻 하기 망설여지는데, 막상 시작하면 재밌다. 내 안에 활력이 생긴 것만 같다. 카페를 잘 키워보고 싶고, 좋은 공간을 사람들에게 알려서 더 많이 오도록 하고 싶다. 평상시 낯을 많이 가리는 내게도, 카페 안에서 사람이 오면 그렇게 재미있는 일이 아닐 수가 없다.

맞다. 이걸 성공하지 못하면 살아가는 게 많이 힘들어질 수 있다. 그래서 아무리 편하게 해보라는 아버지의 말씀에도 불구하고 그렇게 하지 못한다. 또한, 가족들이 같이 모여 일하는 공간이기 때문에, 그들에게, 특히 여동생과 남동생에게 삶의 터전을 만들어 주고 싶은 마음이 크다.

그래도 내게 좋은 기회라고, 이렇게 해볼 수 있는 게 다시는 없을 수 있다고 생각하며 잘 해보자고 다짐한다. 바리스타이자 카페 대표로서, 손님이 꾸준히 오는, 특히 한 번 왔던 손님도 계속 오도록 하는 카페를 만들고 싶다.

#3.

동시에 나는 작가다.

나는 개발자로 다니던 회사를 퇴사한 후 지금까지 궁극적으론 -나를 위한 게 아니었던 것 같다- 가족을 위해 일해 왔다.

가족과 함께 사업을 하게 된 게 누군가는 좋은 기회라고, 잘 해보라고 했다. 맞는 말이다. 크든 작든 회사를 운영해 볼 기회가 모두에게 오지는 않을 것이다. 아버지가 이전에 닦아둔 사업 기반 덕분에 몇 년 동안 회사를 잘 운영할 수 있었다. 그 기반을 유지한 덕분에 현재 카페를 운영하고 있으니 말이다.

하지만 퇴사 이후부터 내 의지와는 상관없이 벌어진 일들이기에, 아무리 좋다고 하더라도 내게 이해되지 않는 일은 하기 싫었다. 물론 누군가는 나와 같은 상황에서 묵묵히 일하고 크게 성장하는 사람도 있을 것이다. 부모님도 그걸 바라왔을지도 모른다. 그저 나는 아무리 좋은 게 주어진다 해도, 그 속에서 당장 앞에 있는 힘든 것만 보는 불평, 불만이 많은 사람일지도 모른다.

그래도 어느 순간부터 시간이 날 때면 내가 한때 가장 좋아했던 프로그래밍을 하는 대신 책을 읽기 시작했다. 한번 제대로 읽기 시작하면 재밌는 게 책이라고, 책을 집중해서 읽으면 마음이 평화로워진다. 책의 분야가 무엇이든 내가 책으로부터 배워가는 게 좋다. 지식이나 이야기에 대한 교훈 등 말이다.

스마트폰을 하거나 TV를 보더라도 주로 웹툰을 읽거나 드라마나 영화를 보는 편이다. 어떤 형식으로든 이야기를 수집하는 것이 재밌다.

그렇게 책을 읽거나, 웹툰, 드라마, 영화 등 다양한 형태의 이야기들을 접하다 보니 어느 순간 글이란 걸 써보고 싶어졌다. 제대로 된 글로 사람들에게 재미와 감동을 주고 싶어졌다.

현재는 카페에서 생활하고 있지만, 틈틈이 하루에 10분이라도 글을 쓰고 있다. 재밌다. 아무런 걱정 없이 글만 쓰고 싶다. 짧은 시간 동안 쓴 글은 공중에 떠다니는 먼지만도 못할지 모른다. 하지만 그런 글들이 쌓이면 여전히 공기처럼 여전히 가벼울지 몰라도 살아가는

데 필요한 것처럼 중요하면서도 좋은 글이 되어있을 것이다. 이런 글을 엮어서 또 다른 책을 출간할 것이다.

Epilogue.

나 자체, 내가 하고 싶으면서도 지금 해야 하는 일, 내가 하고 싶으면서도 언제든지 할 수 있는 일. 이 문장에서 가장 눈이 많이 가는 단어는 '나'일 것이다. 그렇다. 결국, 제일 중요한 건 '나'다. 누군가는 이런 나를 바라보며 이기적이라 할지도 모른다. 세상에 너밖에 모른다고. 그래도 어쩔 수 없다. 옆을 바라보려면 내가 존재하고 있어야 한다. 그저 나답게 살아가기 위해서라고, 부디 너그럽게 바라봐줬으면 좋겠다.

배움의 즐거움

#1.

학창 시절 내 진로를 정한 날이었다.

어렸을 때의 꿈, 그중에서도 '나중에 어떤 일을 하고 싶은가'를 정하는 진로는 시시각각 계속 변하지 않는가. 심지어 많은 사람은 성인이 되어서도 자신의 진로를 정하지 못한다. 나도 중학생까지만 해도 수많은 꿈을 가진 학생에 불과했다. 본격적으로 진로를 정하기 직전에는 '외교관'을 꿈꿨다. 뉴스에서 외교관들이 외국에 나가서 직접 영어로 대화를 나누고 협상하는 모습이 멋있어 보여서, 나도 외교관이 되고 싶었다. 영어를 열심히 공부한 적도 없고 영어로 잘 말하지도 못하면서 외교관이 되길 꿈꿨다.

고등학교 영어 선생님께 한 학생에 대한 일화를 듣고는 외교관으로 진로를 정하지 않은 건 잘한 선택이라고 생각했다.

고등학생 때 전교생 앞에서 영어로 연설할 만큼 영어를 잘하는 한 학생이 있었다. 그 학생은 알고 보니 독학으로 꾸준하게 영어 공부를 했다고 한다. 주말에 관광지에서 외국인에게 해당 관광지에 대해 영어로 해설하거나, 안내 요원으로서 외국인이 질문하면 답변해 주는 봉사를 주기적으로 했다고 한다. 나는 살면서 저 학생처럼 영어를 잘하기 위한 노력을 한 적이 없었다.

적성에 맞지 않는 외교관을 꿈꾸다 진로를 바꾸게 된 계기는 '국어 수행 평가'다. 중학교 2학년 국어 수업 때 진행했던 수행 평가 중 하나가 '내가 하고 싶은 것'을 주제로 발표하는 것이었다. 과제를 듣고 '어떻게 발표하면 좋을까?' 생각하면서 영어를 못하는 내게 외교관은 부적합한 직업이라고 생각했는지 유망 직업에 대해 인터넷에서 찾아봤다. 인터넷을 찾으면서 나왔던 유망 직업 중 하나가 '정보보안 전문가'였다. '정보보안 전문가'에 대해 알아보고 발표 자료를 준비하면서 해당 직업을 훗날 갖고 싶다는 생각이 들었다.

열심히 준비했지만 결국은 시간 내에 준비하지 못했

다. 무엇보다도 덜 준비된 상태로 발표하는 게 두려워서 발표를 하루 미뤘다. 그저 외운 내용을 느린 속도로 발표했음에도 불구하고, 잘 발표했다고, 하루 늦어서 점수 1점을 깎을 수밖에 없어 너무 아쉽다는 피드백을 들었다. 내 꿈에 대해 같은 반 학생들 앞에서 발표해야 했던 그 수행평가는 지금 나에게 있어서 운명이었다. 수행 평가를 준비하다 진짜 내 꿈을 찾았으니까.

#2.

20대 후반일 때 한 친구가 나의 장점이라면서 내게 이렇게 말했다.

"넌 참 꾸준히 배우려고 노력해"

이 말을 듣기 전까지 한 번도 내가 배우는 걸 좋아한다고 생각한 적이 없다. 그래서 친구에게 다음과 같이 반응했다.

"내가 그렇다고?"

청소년기, 나에게 배움은 국가의 의무로 학교에서 선생님들이 수업 시간에 가르치는 교육을 받는 게 전부였다. 사실 왜 내가 공부해야 하는지, 왜 배워야 하는지 몰랐다. 나는 뒤처지는 게 싫어 열심히 교육 과정을 따라가는 학생이었다.

그러다 대학교에서는 막연히 계속 배워야 할 것 같아서 대학원 진학을 희망했다. 사실 취직한다는 자체가 두려웠다. 뭔가 인생의 성공과 실패는 단두대 위에 서 있는 것만 같아 너무 두려웠다. 실패할 것만 같았고, 한 번 실패하면 인생이 끝날 것만 같았다.

어떻게 보면 회피의 수단으로 대학원에 가기 위해 내가 할 수 있는 만큼만 준비했다. 그러다 보니 대학교를 졸업할 때쯤 가고 싶은 대학원에 가기 모호한 학점을 땄고, 결국 대학원 진학을 포기하고 다른 예비 졸업생들처럼 그들을 따라 취업 준비를 시작했다. 개발자를 뽑는 면접에서 잘 나오는 과제가 알고리즘을 이용해 프로그래밍하여 주어진 문제를 해결하는 것이었다. 매일 알고리즘 문제를 모아둔 사이트에 가서 문제를 풀었다. 문제를 풀기 위해서는 코드 작성법을 공부해야 했는데, 인터넷에 검색해 가면서 코드 작성법을 배워갔다. 그 뒤로 문제의 원인을 찾고 코드를 작성하여 문제를 해결하는 과정을 좋아하게 됐다. 과제로 프로그래밍을 시작했지만, 처음으로 배움이 재밌다고 생각했다.

하지만 친구에게 '꾸준히 배우려 노력한다.'는 칭찬을 들은 뒤로, 나는 정말 꾸준히 배우려 노력하는 사람이 되어 있었다. 이전에는 강연이 있으면 내가 특별히 관심 있는 내용이 아니면 재미없고 쓸모없을 것이라 여겨서 굳이 들으려 하지 않았다. 하지만 지금은 관심 없는 내용이라도 혹시나 하나라도 더 배울까 싶어 강의에 귀를 기울여 본다.

그리고 배움의 범위가 많이 확장되었다. 배우려 노력하기 전에는 학교 수업 내용만이 그동안 배운 것으로 생각했다면, 지금은 일상과 가까워 사소하다고 여겨지는 살림도 배움의 영역에 포함된다는 것을 안다. 예를 들어 화장실 깨끗하게 청소하는 법, 옷에 묻은 얼룩을 지우는 법 같은 것 말이다.

자연스럽게 가르침으로부터 내 문제를 분석하게 되었다. 배움을 의식하게 된 후에도 종종 영어 표현 관련 영상이나 글을 찾아보면서 내가 영어를 잘 해보려 해도 재미없고 배워지지 않는 이유를 알게 되었다. 나는 외국인과 대화하고 싶어 영어를 배우고 싶었던 거지, 글을 해석하고 싶어 영어를 배우고 싶은 게 아니었다. 하지만, 이 사실을 알기 전까지는 영어 시험을 잘 치르기 위해 어려운 단어와 영어 문법 위주로만 공부해 왔다. 대화 표현을 공부하다 보니 문화적 차이와 사고방식 등의 차이로 인해 한국어와 영어의 표현이 다를 수 있음을 알게 되었다. 덕분에 나의 영어 표현 능력이 넓어졌다. 그러다 영어를 빨리 배우는 법은 계속 영어를 접하고 외우고, 문법에 상관없이 말로 뱉어봐야 함을, 글 잘 쓰게 되는 방법과 같이 지름길이 없다는 것을 느꼈다.

그리고 일상에서 에피소드를 통해 인생을 살아가는 지혜를 찾게 되었다. 얼마 전 스레드를 보는 데 주식에 투자할 때는 주가 변동과 관련된 차트를 보는 게 아니라 기업 가치와 정보를 보고 투자하라는 글이 올라와 있었다. 나 역시 차트를 보고 투자한 경험이 있어 괜히 정곡을 찔렸다. 상승세에 이끌려 투자한 주식은 반토막이 났다. 소액이라서 다행이라고 해두자. 해당 글을 보면서 하나의 내용을 공부할 때 최대한 깊게 공부하고자 했던 적이 있는지, 중간에 답안지를 보지 않고 스스로 끝까지 답에 도달하고자 했는지 지난날을 뒤돌아봤다. 앞으로 무언가를 할 때 끝까지 최선을 다해보자는 인생의 자세에 대해 배웠다.

무엇보다도 배우는 게 재밌다는 것을 알게 되었기 때문에, 글쓰기도 배우고자 '마음의 소리' 수업에 와있다. 본 수업뿐만 아니라, 수업 이후에 선생님끼리 모여 얘기하는 것에서도 내가 배우고 받아들여야 할 것이 생긴다. 내일은 또 어떤 걸 배우게 될지 정말 기대가 된다.

#3.

글쓰기를 시작한 이후로 내 글을 블로그에 올리기 시작했다. 이전부터 인스타그램이나 블로그를 주기적으로 작성하는 게 좋다는 건 알고 있었다. 하지만 나는 친한 사람에게도 내 모습을 드러내고 이야기를 꺼내는 것을 별로 좋아하지 않았고, 조용히 살아가고 싶어 인터넷에 답글조차 올리지 않았다. 표현에 있어 소극적인 자세로 살아왔다.

사실 인스타그램이나 블로그를 시작하라는 말을 주변인들로부터 여러 차례 들었다. 특히 몇천 명의 팔로워를 지닌 친한 친구에게 왜 인스타그램을 열심히 하느냐고 했을 때, 그 친구 역시 수만 팔로워를 지닌 회사 상사로부터 마케팅으로써 여러모로 도움이 되기에 시작하라는 말을 듣고 주기적으로 글을 올리기 시작했다고 했다. 그런데도 게을러서 그런지 글을 올리고 싶지 않았다.

제삼자가 내 글을 읽는다는 게 두렵고 창피하게 느껴졌다. 그래서 인스타그램 카페 공식 계정도 동생이 관리하도록 했다. 사진과 글 주제만 주고 게시를 하라고 했다. 그마저도 업로드 주기가 일정하지 않았고, 게시하고서도 크게 신경 쓰지 않았다. 하지만 글 쓰는 수업에서 '뭐든 쓰라'는 말을 듣고 정말 뭐든 쓰기로 했다. 세상에 내 글을 드러내는 것을 두려워하지 말라고 해서, 주저하지 않고 쓰고자 한다. 그래서 인스타그램에 내 상품인 대부샌드와 빙수에 대한 게시글을 게시했다. 뭐든 꾸준히 글을 올려보고자 한다. 이번 일을 계기로 결과가 좋든 안 좋든 끝까지 해보자고 다짐한다.

#4.
저번 주 글쓰기 수업 '마음의 소리' 선생님이 나를 포함한 학생들에게 자신의 장점을 물어봤다. 다들 한 명씩 돌아가면서 잠깐 생각하더니 바로바로 장점을 얘기했다. 그러다 내 차례가 왔다.

"없는 것 같아요."

나는 '모르겠어요.'도 아니고 '없다.'라고 했다. 정말 내가 잘하는 게 없는 것 같아 그렇게 얘기했다. 그동안 주변 사람들로부터 잘한다고 들어왔던 프로그래밍도 나보다 훨씬 잘하는 개발자가 많다고 생각했다.

책을 주기적으로 읽는 것, 그리고 한 달에 한 권 읽는 것도 우리나라 국민의 평균을 넘는 것이지만 책을 그 이상을 읽는 사람이 많아서 장점이라고 생각한 적이 없다. 특히 카페를 운영하면서 부족한 것을 많이 느꼈기 때문에 무엇을 하든 내게 부족한 점만 눈에 보였다.

하지만 이번 과제를 하면서 '배우는 것을 좋아한다.'는 장점을 하나 다시 발굴했다. 이처럼 해당 과제가 아니더라도 일기를 쓰면서 어떤 날은 일과를 적기도 하고 어떤 날은 일상에서 배운 점을 적기도 한다. 어떤 날은 다른 일상과 다를 게 없어서 적지 않은 날도 있다. 그래도 글쓰기를 통해 하루하루가 조금씩 달라지는 것 같다. 내가 누구인지, 어떤 사람인지 되돌아보게 된다. 반성하게 된다. 꿈꾸게 해준다.

이런 날들이 쌓이면 또 다른 장점이 생길 것이다. '하나를 시작하면 꾸준히 한다.'는 점 말이다. 하나를 꾸준히 한다는 건 인생에 있어 좋은 방향이 되어줄 것이기 때문이다. 글을 불규칙하게 쓰더라도 계속 쓰다 보면 쌓일 것이고, 그것은 내가 꾸준하다는 걸 보여 주는 증표가 될 것이다.

배움과 앞으로 가질 꾸준함으로 인생의 또 다른 터닝 포인트가 생길 날을 기대해 본다.

미래의 나

'43살의 나는 어떻게 살고 있을까?'

이 질문을 들었을 때 드는 생각은 딱히 없었다. 내게 미래가 없다고 생각해서다. 몇 달 전에 같은 질문을 들었을 때도 마찬가지였다. 그래서 당시 내 미래를 생각했던 방법은 과거의 행적을 짚는 것이었다. 하지만 그렇게 유추하다 보니 과거만 전체의 8~9할을 차지하고 내 미래는 한, 두 문단으로 간결하게 끝나서 내가 생각했던 글이 전혀 나오지 않았다. 결국, 글을 지웠다.

내게 미래가 없다고 생각한 몇 가지 이유는 내 좋지 않은 사소한 습관 때문이다. 우선 꾸준함이 없다. 내 머릿속에서는 '매일 운동하자', '매일 글을 쓰자', '오늘은 조금 덜 먹자' 등 여러 다짐을 하는데 다짐한 대로 지킨 날이 잘 없다. 오늘만 봐도 그렇다. 오늘 아침까지만 해도 '오늘은 일을 비우고 글을 써보자'라고 다짐했건만, 해가 지고 나서야 글을 쓰고 있다.

무엇보다도 해야 할 일을 하지 못하고 딴짓을 한다. 오늘만 해도 글을 쓰고 예약 안내 문자를 보내고 운동 대신 밥을 먹고, 유튜브 동영상을 보고 배가 부른 채로 낮잠을 잔다. 그동안 쉬거나 놀고 싶은 본능을 이기지 못하고 해야 할 일을 하지 못한 날이 더 많았다. 한 일본 드라마에서 여자 주인공이 자신의 상태를 나쁜 상태에 계속 머물고자 하는 관성에 묶여있는 것 같다고 물리적으로 표현하던데 내 상태가 딱 그렇다. 나쁜 상태에 계속 머묾. 이게 내가 미래가 없다고 생각, 아니 어쩌면 미래를 그리고 싶지 않아 생각하지 않았다.

그런데도 내 43살이 어떨지 그려보고 싶다. 어렸을 때 여러 가지 장래 희망이 있었다. 외국에서 국가와 국민을 위한 업무를 처리하는 외교관, 각종 해킹을 방어하고 대책을 세우는 정보보안 전문가 등 말이다. 중학생 때는 컴퓨터를 사용하는 정보보안 전문가로 진로를 정했고, 대학교를 컴퓨터와 관련된 학과로 가고 싶어 했다.

하지만 대학생 전까지 대학교에 진학하기 위해 열심히 공부하거나 보안과 관련된 컴퓨터 지식을 알아보지는 않았다. 학교에서 가르치는 공부는 내가 하고 싶다기보다는 다른 학생들이 옆에서 하다 보니 물의 흐름에 떠밀려가는 튜브처럼 하나의 의무였다.

취업을 결심했던 것도 대학원에 가기에는 모호한 학점, 그리고 졸업 직전 같은 수업을 들었던 학생들의 취업 준비 때문이었다. 이때도 나는 흐르는 대로 둥둥 떠다니는 물 위의 튜브였다. 남들은 일찌감치 취업 준비를 목표로 필요한 것을 미리 준비해 두는데, 나는 4학년 2학기가 되어서야 뒤늦게 취업으로 방향을 돌리고 다른 사람이 하는 것을 보고 눈치껏 따라 하기 시작했다.

직장에 다닐 때는 매일 운동을 다니려고 회사 근처에서 비싼 가격을 주고 6개월 치 헬스를 끊었다. 옆에서 안 할 것 같아서 망설이다 최소 단위인 3개월을 끊는 다른 회사 동료를 보고서도 틈틈이 하겠다고 무려 6개월을 끊고서, 헬스를 간 날이 열 손가락 안에 꼽는다.

일기도 그렇다. 매일 무슨 일이 있었는지 기록하고 싶어서 쓰지만, 며칠 가고는 쓰는 것을 잊는다. 펜으로 쓰면 손이 아파서 키보드로 쓰는데도 말이다. 특히 여행은 내게 특별한 순간이어서 그동안 여행 갈 때마다 매일 기록하자고 해놓고서는, 하루 이틀하고는 지쳐서 더 쓰지 않았다. 그나마 보관해 놓았던 사진만이 내 여행을 증명하고 있다.

하지만 지금 과거의 나와 지금의 나를 놓고 보면 지금의 내가 더 좋다. 어렸을 때 꿈꾸던 일을 커서 이뤘다. 개발자 말이다. 안다. 정보보안 전문가로 정했었다고. 대학생 때 세부적인 진로 변화는 있었지만, 주어진 수학 문제를 푸는 것처럼 프로그래밍으로 문제를 해결하고, 실제 프로그램을 구현하는 것을 좋아했던 나로서는 하고 싶은 일을 하게 된 셈이다.

운동도 한 가지를 꾸준히 한 적은 없지만 그래도 스피닝, 헬스, 수영, 실내 자전거 등 여러 가지를 해왔다. 얼마 전까지만 해도 거북목이 있었는데 운동을 통해 등과 목을 펼 줄 알게 되었다. 옛날에는 100m 달리기도 숨을 헐떡이며 겨우 했는데, 지금은 1~2분은 전력으로 뛸 수 있다.

일을 한 번 하면 한나절에 가까울 정도로 오랜 시간 해서 글을 쓰는 것도 안 될 것 같다고 중간에 좌절했었다. 글쓰기 선생님이 아침에 15분 일찍 일어나서 그 시간 동안 글을 써보는 건 어떠냐고 했다. 솔직히 일어나는 게 힘들어서 아침도 안 먹는데도 불구하고 여러 번 시도했지만 되지 않았다. 그래도 그 틈이 있다고 일하는 도중에 공백이 생길 때가 있는데 그 틈에 잠깐씩 글을 쓰기 시작했다. 매번 되지 않더라도 여러 번 하다 보면 글이 선반에 먼지 쌓이듯이 조금씩 쌓이는 것 같지만, 어느 순간 새까매지는 것처럼 내 글의 두께도 생길 거다.

이렇게 보니 내 미래도 보이기 시작했다. 중간에 딴짓을 많이 하고 쉬는 날이 많았고 지금도 그러지만 결국은 작가인 내가 보인다. 43살의 나는 작가다. 어렸을 때부터 드라마를 좋아했다. 특히 고등학생 때는 저녁 9시 50분에 야간 자율 학습을 마무리하고 집에 가서는 교복만 빨리 갈아입고는 월화드라마, 수목드라마를 열심히 챙겨봤다. 물론 그 이전에도 그랬지만 말이다. 그리고 많은 책을 읽지는 않았지만, 초등학생 때는 '젊은 베르테르의 슬픔', '폭풍의 언덕'과 같은 소설 원작 만화를 학교 도서관에서 여러 차례 빌려서 봤다.

이런 내가 지금까지 책이나 드라마를 통해 받았던 감동과 감정의 치유를 다른 이에게 주고 싶어졌다. 어떤 이야기라도 좋다. 재미와 감동을 줄 수 있다면. 로맨스를 좋아하고 재밌어하면서도 비슷하다고 사랑이 무의미하다고 느껴서 별로 쓰고 싶지 않았던 로맨스도 내 방식대로 쓰고 싶다. 단순한 치정이 들어간 연인 간의 이야기뿐만 아니라, 가족 간의 사랑이나 실제 가족이 아니더라도 가족처럼 서로를 아끼는 사람 간의 이야기를 글로 쓰고 싶다. 사랑과 관련된 메시지와 더불어 힘든 이에게 위로가 되는 글을 쓰고 싶다. 내가 힘들 때 받고 싶었던 말을 힘든 이에게는 나처럼 너무 힘들어하지 말라고 글을 통해 말하고 싶다.

틈틈이 글을 쓴 덕분에 43살에는 내가 하고 싶은 이야기가 담긴 책이 세상에 3권 이상 나와 있다. 이 중에 한 권은 드라마 제안이 와서 글 쓰는 데 더 집중할 수 있게 된다. 계속 글을 쓰지만, 비가 내리기 직전의 구름 속의 수증기처럼 클라우드 안에만 저장되어 있고 종이에 인쇄되지 않은 글이 훨씬 많다. 그래도 꾸준히 인터넷에도 글을 올린다. 여전히 꾸준히 조금씩이라도 매일 글을 쓴다.

지금의 나는 여전히 나쁜 쪽으로도 꾸준해서 힘들고 앞으로도 힘든 일이 생길 것이다. 그래도 멀리서 보면 나는 하고자 하는 걸 이뤄왔다고, 잘 해왔다고 말해주고 싶다. 43살에 또 다른 인생의 무게로 힘들더라도 힘든 상황을 잘 보낼 수 있다고, 옆에 사랑하는 사람이 있어 같이 잘 이겨낼 수 있을 거라고 43살의 나에게 말하고 싶다. 43살까지 달리지 못하고 중간에 멈추더라도, 중간에 멈춘 나에게 그동안 잘 해왔다고 얘기해주고 싶다.

내가 가장 사랑하는 미래에게

 미래야, 너는 내가 가장 사랑하는 사람이야. 사랑이란 무엇일까? 너에게 어떻게 설명하면 좋을까? 내가 널 어떻게, 얼마나 사랑하고 있는지 말해주고 싶어.

 미래야, 네가 태어나서 처음으로 받은 사랑은 부모로부터 받은 사랑이야. 엄마의 배 속에 있을 때부터 너라는 존재만으로 부모는 너에게 사랑을 줬어. 부모는 넓은 세상을 자신의 피를 나눠 가진 이처럼 보고 싶어 너를 잉태했어. 하늘, 땅, 바다, 산 같은 자연도 그렇고, 마천루들이 모여 있는 도시도 그렇고, 사람이 만들어낸 예술 작품도 그렇고 말이야. 또한, 부모는 너에게 사람들과 모여 살아가는 재미를 주고 싶었을 거야. 대화의 즐거움부터 집단 지성으로 새로운 지식을 발견하는 기쁨까지 말이야. 그래서 부모가 너에게 준 사랑은 예쁜 세상을 함께 하고 싶은 마음이야. 만약 부모로부터 사랑받고 있지 않더라도 슬퍼하지 말았으면 해. 부모의 사랑만이 사랑의 전부는 아니니까.

미래야, 사랑은 하늘에서 내리는 번개처럼 눈 깜빡하는 사이 갑자기 찾아오는 설렘이야. 내가 너를 처음 봤을 때 그랬어. 사실 널 처음에 봤을 때 한눈에 반해서 심장 박동수가 빨라져 두근두근하는 게 느껴지고 떨려서 어찌해야 할지 잘 몰랐어. 그런데도 널 놓치고 싶지 않아 적극적으로 너를 붙잡았어. 말이 생각처럼 잘 나오지 않았지만 말이야.

미래야, 사랑은 자석처럼 옆에 같이 있고 싶은 마음이야. 옆에 없으면 허전해서 보고 싶고, 있으면 떨어지기 싫어. 처음에는 엄청나게 설렜는데 사랑에 설렘만 있지 않더라고. 그래도 네가 있어서 좋아. 꼭 같이 특별한 활동을 해서 좋은 게 아니야. 가만히 아무 생각 없이 같은 하늘을 바라보고 있어도 좋아. 서로 마주 앉아 같은 음식을 먹으면 혼자 먹을 때보다 훨씬 더 맛있어. 같이 영화를 감상하면 혼자 감상했을 때보다 영화가 더 오래 기억에 남더라. 아니다, 기억에 오래 남은 건 너일까?

하지만 살다 보면 재미있는 일만 있지는 않잖아. 슬프거나 화나는 일이 생기기도 해. 사실 기분이 좋지 않은 상태로 널 보는 게 걱정이 돼. 나의 좋지 않은 기분을 네게 전가하는 느낌이라서. 네게는 기쁨과 즐거움만 주고 싶거든. 하지만 너는 이런 내게도 기꺼이 다가와 위로를 건네줘. 그러면 물감에 물을 넣었을 때 색이 흐려지는 것처럼 나의 안 좋은 기분도 점차 사라져. 만약 네게 힘든 일이 생기면 나는 기꺼이 네게 당장 달려갈 거야. 위로될지 모르겠지만 네게 조금이라도 힘이 되어주고 싶거든. 네가 조금이라도 괜찮아진다면 난 정말 기쁠 거야. 그래서 사랑은 즐거움을 같이 나누고 슬픔은 덜어주고자 하는 마음이야.

미래야, 그렇다고 사랑은 숭고한 희생을 가리키지는 않아. 숭고한 희생이라면 너를 위해 내 목숨을 비롯한 나의 모든 걸 너에게 바친다는 걸 의미해. 그럼 내가 미래에 내 모든 걸 주고 싶지 않다고 실망할 수도 있어. 하지만 내가 사라지면 넌 슬프잖아. 내가 그렇게는 못 해. 너 없는 삶은 상상할 수 없어. 기쁘든 슬프든 오랫동안 너와 같이 있고 싶어. 그런데도 너에게 내가 가진 많은 걸 주고 싶어. 내가 가지고 있는 게 너에게 필요하다면 최대한 내어줄 거야.

한편으로 사랑은 살아가야 하기에 나오는 본능이라

고도 봐. 성경에서만 봐도 최초의 인간인 아담의 갈비뼈로 이브를 만들어 둘이 되었잖아. 만약 이브가 탄생하지 않았다면 인간은 존재하지 않았어. 결국, 인간은 혼자 살아갈 수 없는 존재야. 남자와 여자가 만나서 사랑이 싹트고 새로운 인간이 나오잖아.

하지만 종족의 유지를 위한 본능이라고만 하고 싶지 않아. 하나님이 아담과 이브를 만든 게 그저 숨을 붙이고 생명으로서 살아가라고 만들었을까? 분명 아니라고 봐. 아까 미래 네게 사랑에 대해 말했지? 사랑을 한 가지로만 정의할 수 없고 모든 사랑이 다른 형태로 있지만, 부모로서의 사랑도, 가족으로서의 사랑도, 연인인 미래 너와의 사랑을 보면 사랑하는 사람을 떠나보내고 싶지 않아. 겪고 싶지 않지만 언젠가는 겪어야겠지. 다만 언젠가 미래 너를 만나면 나도 부모가 되고 싶어질까?

환상적인 삶

 인생이 내 마음대로 된다면? 그건 만능한 신에게나 가능한 일이야. 그런데도 내 마음대로 된다면 내가 하고 싶은 걸 가장 먼저 해봐야지.

 그래서 여행을 떠날 거야. 벌써 어디 갈지 정말 고민이야. 정말 가고 싶은 데가 많은데 지금은 비행기를 타고 남미 최남단 지역으로 갈 거야. 아르헨티나의 우수아이아로. 비행기도 두 번 갈아타야 하고 가는 데만 이틀 걸렸지만, 가서 본 풍경은 입이 다물어지지 않을 정도로 아름다워. 하얀 빙하와 파란 하늘과 까만 바다가 어떻게 만들어졌는지 생각하면 자연은 정말 대단하다고 느껴.

 아직 시간이 많으니까 구석구석 보고 싶어서 버스를 타고 위로 올라갈 거야. 안데스산맥을 가로질러 마추픽추로 향해. 한때는 잉카 문명이 펼쳐진 대도시였다는데 남아 있는 기록이 거의 없어서 현대 사람들도 잉카 문명에 대해 잘 모른대. 정말 궁금해서 타임머신을 만들어 전성기였던 시절로 가보고 싶어.

산을 봤더니 바다가 보고 싶어 브라질의 리우데자네이루로 떠날 거야. 코파카바나 해변이 뜨겁지만 예쁘다 들었는데, 가보니 정말 그러네. 그들의 삶이 여유로워 보여 잠깐 부러웠어. 사실 다른 사람들은 마음대로 하는 나를 부러워할 텐데 말이야. 내가 마음대로 살 수 없었을 때 여유롭지 못했던 당시의 나와 비교됐나 봐.

자연은 이제 충분히 본 것 같아서 친구들이 있는 도시로 가보려고 해. 뉴욕에 가서 예전에 내가 머물던 숙소의 호스트였던 친구를 만나. 예전에도 혼자 있다가 외로워서 울던 나를 위로해 줬던 따뜻한 친구인데, 만나니까 그때 생각이 나서 또 눈물이 나네. 기쁜 날인데 왜 울고 있지. 자연은 좋았는데 많은 시간을 혼자 지내다 보니 나도 모르게 외로웠나 봐.

뉴욕에서 시간을 보내고 나서 다른 나라에 있는 친구들을 찾아가. 만나는 친구마다 나를 반갑게 맞이해 줘. 다들 타지 생활이 쉽지 않다고 해. 그래도 나랑 있으면서 계속 웃고 있는 친구들을 보니 나도 덩달아 같이 재밌어.

친구들이랑 있다 보니 가족들도 보고 싶네. 어머니, 아버지를 모시고 두 분이 평소에 가보고 싶었던 한국이랑 먼 지역으로 떠나 유럽으로 왔어. 두 분 다 빵을 별로 좋아하지 않지만, 현지 음식도 잘 드시고 체력이 좋아서 하루에 2만 보를 넘게 걸어도 좋아하서. 하지만 부모님은 한 달도 채 안 돼서 한국으로 돌아갔어. 충분히 즐기셨대.

부모님이 떠나고 혼자 남았는데 갑자기 공허함에 휩싸여. 내가 지금 있는 공간은 엄청 화려한데 마음은 그렇지 못해. 왜 그렇지? 나 마음대로 살 수 있잖아. 내가 하고 싶은 것 다 하면서. 잘 먹었는데 어지러워. 기억하기 싫었던 게 마구 떠올라. 그중 하나가 고독이야. 여행 중간에 사람들을 만나 즐거웠지만 결국 혼자 같아. 심지어 어머니와 아버지도 나를 조건 없이 좋아해 주는 사람임에도 결국 내가 아닌 서로가 1순위야. 나도 서로가 1순위가 될 수 있는 사람을 만나고 싶어졌어. 그래서 만났어. 바라니까 바로 이뤄지더라고.

뒤로도 계속 순탄했어. 걱정이 없으니까 밀려있던 드라마랑 영화를 같이 보고, 장 봐서 같이 요리해. 하루는 동네 나들이, 또 하루는 멀리 여행을 떠나고, 다른 하루는 좋은 숙소에 머물러. 행복한 하루가 계속돼.

그러다 아이를 낳고 싶어졌어. 자녀 계획이라곤 전혀 없었는데 말이야. 아이를 가진다는 게 입덧을 동반할 수 있으므로 힘들고, 특히 옛날에는 아이를 낳다가 죽었던 적도 많았다고 들어서 두려운 게 먼저였어. 그런데도 아이가 있다면 행복할 것 같다는 생각이 들었어. 그렇게 아이를 낳았고, 내 마음대로 온종일 돌볼 수 있으니 더 걱정은 없어.

하지만 그럴수록 인생이 무상하게 느껴졌다면 믿겠어? 더 바랄 게 없어서 좋은데 더 사는 게 의미가 없어. 이런 말을 한다면 복에 겨웠다고 들을 게 뻔해서 어디 가서 하소연도 못 해. 돌이나 안 맞으면 다행이야.

그래서 내가 가진 경험과 지식을 나눠주려고 책을 썼어. 너무 가르치는 어투로 딱딱하게 쓰면 사람들이 읽지 않을 것 같아서 내 삶이 약간 들어간 자전적 소설 형식으로 글을 써. 하루 만에 책을 완성할 수 있음에도 많은 생각과 정성을 들여 써서 그런지 책을 완성하기까지 긴 시간이 걸렸네. 어느 날 갑자기 등산 중에 벼락을 맞았지만 기적적으로 살아나면서 초능력을 얻어 내 마음대로 살아가는 내용의 책을 썼어. 초능력은 있지만 더 사용하지 않고 이전과 똑같이 살아간다는 결말로 책을 끝내. 자전적 소설인데 판타지 소설로 분류되어서 팔리고 있어.

나 혼자가 아닌 다 같이 잘 살 수 있는 삶에 대해 고민하기 시작했어. 사람들에게 빨리 가는 방법이 아닌 올바르게 가는 방법을 알려주고 있어. 먼저 나를 알아가는 데 무의식까지 끌어들여 많은 생각을 해보라고 했어. 사람들은 이게 무슨 소리인가 하지만 곧장 잘 따라. 무의식까지 가면서 고비를 겪기도 하는데 결국 본인을 알아 가고 본인이 원하는 걸 이뤄내. 점차 잘 살아가는 사람이 늘어나. 다 같이 재밌게 살고 싶었나 봐.

매일 같은 일상이라도
우린 결국 앞으로 나아가

 재인이는 새벽 네 시에 잠자리에 든다. 그러니 다음 날 아침에 일어나기 싫다. 결국, 한참 뒤인 오후 두 시에 잠에서 깬다. 해는 이미 중천이다.

 일어나기 싫은 건 살고 싶지 않아서다. 가상화폐에 투자하면 돈을 크게 벌 수 있단 얘기에 전 재산이었던 1억 원을 투자했건만 모두 잃고 말았다. 게다가 재인이 다니던 회사의 어려워진 사정으로 인해 권고 사직 명단에 포함되어 다니던 직장마저 잃고 말았다. 우울증과 무기력증이 찾아왔다.

 재인이는 집 근처 편의점에서 구매한 술을 든 채 병나발을 불며 아무 생각 없이 걷는다. 다리 위를 지나고 있다. 그러다 다리 난간에서 한참 떨어진 강이 보인다. 순간적으로 다리 난간을 넘어 강으로 뛰어들고 싶다. 하지만 다리를 넘기려고 난간에 손을 짚자마자 무서워서 난간에서 손을 뗀다. 재인이는 무서워 죽지 못하는 본인이 한심하다.

그러다 어느 날은 술기운에 밤에 눈을 감으면서 운다. 또 어쩔 수 없이 눈을 뜬다. 눈을 뜨면 화장실을 다녀와 소파에 가만히 앉아 있는다. 어느새 배고파진다. 백수도 배가 고프다고 하면서 일어나 냉장고를 뒤진다. 딱히 먹을 만한 게 나오지 않는다. 결국은 물을 올리고 라면을 끓인다. 라면을 먹으면서 스마트폰으로 OTT를 본다.

부모는 퇴근 후 굳게 닫혀 있는 재인이의 방으로 시선을 보내고는 조용히 방 안에 옷을 갈아입으러 간다. 재인이의 투자 실패와 실직 이후 부모와 재인이의 대화는 확연하게 줄었다. 이제 집에는 사람의 말소리보다 전자기기의 소리가 더 크다. 현관문의 비밀번호가 눌리는 소리가 나든 말든 재인이는 컴퓨터로 게임을 한다. 옷을 갈아입고 씻고 나온 부모는 소파 앞의 테이블에 흘린 라면 국물을 발견하고는 조용히 닦는다.

게임을 끝낸 재인이는 방 안에서 스마트폰을 본다. SNS와 숏폼 영상을 번갈아 가면서 본다. SNS에서 의사의 일상을 올린 친구의 사진을 본다. 친구들과도 연락을 끊은 지 오래지만, 친구의 SNS는 매일 본다. 현재의 모습을 외면하고 있는 재인이는 예전의 공부 잘하고 잘생겼던 자신의 과거와 비교해 본다. 하지만 곧장 현실로 돌아온 재인이는 더욱 초라해질 뿐이다. 괜히 스마트폰을 이불 위로 던진다.

이와 같은 일상이 몇 년 동안 반복되었다. 오늘도 역시 똑같은 일상이 반복될 것 같은 날이다. 부모는 출근해서 집을 비웠고, 재인이는 여느 때와 다름없이 늦잠을 자고 있다. 그런데 재인이의 집이 검은 연기로 뒤덮인다. 거실에 쌓인 먼지와 전선이 만나 스파크를 일으키며 시작된 불이 방치되면서 점점 커진다. 재인이는 불이 난 것도 모르는 채 방문을 닫고 자고 있다.

연기가 방 안으로 들어오면서 목이 따가워 숨을 쉬기 힘든 재인이가 눈을 뜬다. 그저 죽길 바랐고 무서워 죽지 못하는 자신을 한심하게 여겼건만 연기 때문에 숨을 쉴 수 없는 재인이는 본인도 모르게 살려달라고 외친다. 탈출하려 방문 앞으로 달려가지만 열기가 느껴져 문을 열 수 없다. 어쩔 수 없이 반대쪽 창문으로 달려가 문을 연다. 아파트 3층에 사는 재인이지만 창문 밖을 보니 까마득하다. 살고 싶지만 뛰어내릴 수 없다.

창문 앞에 있던 책상 위로 올라가 창문을 붙잡고 발을 동동거리고 있는데, 때마침 신고를 받고 온 소방관들이 도착하여 불을 진압한다. 창문 밖으로 거멓게 그을린 자국을 내며 타는 불에 놀라 지나가던 이웃이 119에 신고한 것이다.

 집 거실 대부분이 까맣게 재가 되었지만, 재인이는 무사하다. 약간의 연기 흡입이 있어 치료가 필요하지만, 재인이는 그저 죽다 살아나 기쁘다. 부모는 집에 불이 났다는 걸 알고는 바로 재인이에게 달려갔다. 부모에게는 집이 탔다는 것보다 재인이가 숨을 쉬고 있다는 게 훨씬 중요하다. 그저 살아 있어 감사하다고 안도의 눈물을 흘렸다.

 재인이는 치료 후 그동안 자신에게 있던 일을 습관적으로 하던 SNS에 연재하기 시작한다. 아직 연재 초반인데 익명으로부터 DM이 온다. 다짜고짜 너무 죽고 싶단다. 재인이는 예전 같았으면 관심도 두지 않았을 테지만 왜인지 어디냐고, 당장 가겠다고 답장을 보낸다.

 가는 데 두 시간이나 걸리지만, 재인이는 조마조마하며 걱정을 가득 안은 채 움직인다. 다행히 도착한 곳에는 당사자가 서 있다. 근처 카페에 들어간 재인이는 음료 두 잔을 결제하고는 이름을 묻는다. 주영이란다. 재인은 주영에게 왜 죽고 싶은지 묻는다. 주영이 한참 동안 얘기한다. 재인이는 그저 묵묵히 듣는다. 다 듣고는 꼭 안아 준다. 그러고서는 재인이는 불이 났던 날을 얘기하며, 막상 죽게 되니 살고 싶어졌다고 말한다.

주영이는 다시 살아서 기쁘냐고 묻는다. 재인이는 기쁜 것보다는 감사함이 더 크다고 말한다. 어떤 날이더라도 죽을 뻔했던 그 날보다는 낫다고, 살다 보면 좋은 날이 올 거라며 주영에게 말한다. 그러면서 힘들면 또 연락하라며 주영이의 스마트폰을 가져가 자신의 전화번호를 누른다.

내 인생은 서프보드 위에 있어

나는 현재 내게 주어진 삶을 살아가는 사람이다. 그 안에는 좋은 사람들이 있다. 나를 태어나게 한 부모, 나와 같은 배에서 태어난 나의 형제, 그리고 사회에서 만난 내 주변 사람들은 대부분 좋은 사람이다. 좋은 사람은 어떤 사람일까?

부모는 나와 제일 가까운 데서 큰 영향을 준 사람이다. 아버지는 어떠한 고난이 와도 슬기롭게 넘기셨다. IMF, 외환위기와 같은 경제적인 고난뿐만 아니라 건강에 위협적인 비만도 다이어트를 통해 극복했다. 몇 차례에 걸치긴 했지만, 담배도 끊으셔서 20년 가까이 한 번도 피지 않으셨다. 이처럼 아버지는 열심히 살아오셨다.

어머니는 강인한 정신력을 가지셨다. 아버지께 여러 위기가 왔어도 옆에는 어머니가 함께 있었다. 항상 가족의 식사를 책임지며, 자녀에게 어떤 일이 생겨도 흔들리지 않고 자신을 다스리신다. 가족과 싸우는 일이 생겨도 바로 맞받아치지 않으신다. 상대방이 말하면 잠깐의 생각 후 말씀하신다. 어머니는 부처다.

무엇보다도 아버지와 어머니는 서로 사랑하신다. 두 분은 서로가 본인 다음으로 1순위다. 아버지는 '내가 제일 많이 사랑하는 건 어머니이고 그다음 너희야.'라고 항상 말씀하신다. 한 번은 초~중학생 때였는데 아버지, 어머니와 셋이 영화를 보러 간 적이 있는데 두 분은 미성년자인 나를 홀로 두고 19세 미만 관람 불가 영화를 봤다. 그러거나 말거나 나는 홀로 영화관 앞 좌석에서 코미디 영화를 재밌게 봤다. 나보다도 오래된 두 분의 인연은 날 독립적인 성향으로 크게 했다. 지금도 우리끼리 잘 살 테니 너희들끼리 알아서 인생을 잘 헤쳐 나가라고 하신다. 또 한 번은 아버지가 '아버지 혼자 되면 엄마 대신 밥 차려 줄 거니?'라고 농담한 적이 있는데 나는 진지하게 '아니.'라고 말했다. 각자 잘 살면 되는 일이다.

어머니는 표현을 잘하지 않으시지만, 아버지가 밖에서 안 좋은 일로 집에 들어오면 아버지 몰래 자녀들에게 상황을 대략 설명하고 조심하자고 말씀하신다. 두

분만 아는 얘기도 많이 하시는 모습을 보면 같이 알고 지낸 지 몇십 년이 되었어도 대화를 꾸준히 하시는 것 같다. 아버지가 영업하면서 술 마시고 늦게 들어와도, 사업이 잘 안 될 때도 아버지를 다그치지 않고 있는 모습 그대로 존중해 주신다. 아버지가 밖에서 일만 하고 집에 잘 못 들어와도 어머니는 아버지께 고생한다고 하고, 아버지도 어머니가 집을 지켜주고, 자식을 키워줘서 고맙다고 해 주신다.

나는 그런 부모 덕분에 사랑을 베풀 수 있는 사람이 되었다. 부모의 사랑을 조금이라도 깨달은 지금 말이다. 그 사랑을 지금은 주로 부모와 동생들에게 돌려준다. 가족에게 밥 먹었는지 자주 안부를 물어보는 것, 밖에 나갔다 돌아오면 고생했다고 한마디 해주는 것, 가족이 얘기하면 귀 기울여 들어주는 것 말이다. 다른 사람들에게도 상냥하게 대하고자 노력한다. 사랑을 받고 자랐음에도 서툴러서 먼저 베풀지 못할 때도 많지만, 그래도 아주 가끔은 용기를 내서 다가가기도 한다.

또한, 꿈이란 것을 꾸게 되었고, 오래 걸리더라도 꿈을 이룰 수 있는 사람이 되었다. 옆에서 간접적으로나

마 부모가 어려움을 이겨 가는 과정을 지켜봤다. 실행력을 배웠다. 덕분에 꾸준하게는 못했지만 작은 꿈을 이루기도 했다. 꿈을 이루기 전까지는 '그저 이루어져라.'며 노력했다면, 이루고 난 뒤에는 노력하면 꿈이 이루어진다는 원동력을 가지고 실행에 옮긴다. 꿈을 이루는 방법을 알게 된 것이다.

그런데도 부모에 비하면 나는 아직 미숙한 병아리다. 가끔은 참아야지 하면서도 감정을 제어하지 못해 부모와 형제에게 별일 아닌 것으로 화를 낼 때가 있다. 가령 일터에서 조리대가 완전히 치워지지 않았을 때 치우라고 상냥하게 말하면 된다. 하지만 같은 말을 두세 번 얘기하다 보면 세게 말할 때가 있다. 그리고 선뜻 도움을 주는 이에게 단지 내가 원하는 대로 해주지 않았을 때, 차분하게 방법을 설명해 주면 된다. 하지만 이전에도 말했다는 이유로 '이렇게 하면 안 돼'라고 외친 적도 있다. 엄마도 나를 키울 때 백 번, 천 번을 반복 교육을 했을 텐데 고작 몇 번 가지고 화를 냈다.

체력이 약해서 그 강도가 가볍든 무겁든 어떤 걸 하다가 힘들면 쉽게 지친다는 단점도 있다. 남들보다 좀 더 쉬고 다시 해야 한다. 쉬고 있을 때는 괜히 앞으로 나아가지 못하는 것 같고 앞날이 보이지 않아 초조하기만 하다.

또한, 내가 방황하면 당황해서 빠져나오기 힘들어한다. 옆에서 바라보는 것과 내가 직접 겪은 것은 천지 차이다. 내가 다니던 회사를 집안 사정으로 그만두고 공장으로 갔을 때 삶의 방향을 잃었었다. 어떻게 살아야 할지 잘 몰랐다. 물론 공장 앞 벽돌 사이에서 자라난 꽃처럼 드문드문 재밌는 일도 있었다. 하지만 방황과 함께 꿈을 잊었고, 또다시 다른 사람과 비교하며 나를 더욱 망가뜨렸다.

사실 내가 다니던 회사에 그대로 있었어도 방황했을 것이다. 어디서나 위기는 있으니까 말이다. 하지만 꿈의 원동력마저 잊고 그저 내 상황을 원망했다. 누군가를 원망하지 않고 고난을 학교 시험처럼 주어지는 과제로 받아들였다면 덜 방황했을 것이다. 시간이 꽤 지난 지금도 혼자 좌절해 있을 때면 이따금 거의 사라졌던, 어디를 향하는지 모르는 채 결국 나를 아프게 하는 원망이란 그림자가 내 안을 가득 채울 때가 있다. 그래도 더 시간이 지나면 그림자 색깔은 흐릿해져서 언젠가는 잊힐 것이다. 다시 좋은 날이 오면 더 그림자가 드리우지 않을 것이다. 그리고 새로운 꿈을 찾아 좇을 것이다.

  삶이란 건 무엇일까? 행복과 고난의 반복인 걸까. 만약 어느 날 고난을 만나면 서프보드 위에서 물에 몸을 맡기고 망망대해에서 내가 원하는 파도를 기다리듯이, 가만히 인내를 가지고 내 고난이 지나가기를 기다리면 되는 걸까. 원하는 파도를 잡으려면 좋은 파도를 여러 번 보내야지만 잡을 수 있는 걸까. 그렇다고 언제 잡을 수 있을지 모르는 파도를 지켜보면서 불안해야만 하는 걸까. 만약 그렇게 파도를 잡고 육지로 나오면 같은 파도를 잡기 위해 또다시 바다로 다시 들어가야 할까. 결국, 내 앞에 수많은 희로애락이 담긴 파도가 오지만 파도를 선택하는 것, 파도를 타는 것 모두 내 몫이라서 즐겁기도, 동시에 버겁기도 하다. 하지만 원하는 파도를 잡아 바다 위를 나는 게 내 꿈이니 망망대해 위에서 내 꿈을 찾아 좇는다. 잔잔한 파도일지라도 파도 위를 날아봤으니 원하는 파도를 더 쉽게 잡을 수 있을 것이다.
  종종 힘들고 게을러서 중간에 물 위에서 가만히 누워 있기도 한다. 이대로 있다간 큰 파도가 덮쳐서 그대로 가라앉는다. 하지만 서프보드에서 떨어져 물에 빠져도 같이 물장구를 치면서 놀거나 같이 헤엄칠 내 인생의 동료가 있다.

또 한 번은 실수로 잠깐 보드에서 미끄러져 물에 빠졌다. 그대로 가라앉을 것 같아 죽겠다고 소리친다. 이번에는 운이 좋아서 사경을 헤매고 있는데 코앞에 있는 육지가 보인다. 모래 위에 가만히 누워 하늘을 바라보며 잠깐 쉰다. 그리고 다시 물 안으로 들어간다. 스스로 헤엄쳐 깊은 바다 쪽으로 나아간다. 여전히 내 꿈을 좇는다. 언제 올지 모르는 또 다른 멋진 파도를 잡고자 한다.

그렇다. 바다에서 파도를 잡다가 잠깐 힘들면 보드 위나 육지에서 쉬고 다시 바다로 들어가는 걸 계속 반복할 것이다. 재미가 있는 날도, 없는 날도 있을 것이다. 맑고 쨍쨍한 날이 있으면, 비가 많이 오고 바람이 거칠게 불어 도저히 바다에 들어갈 수 없는 날도 있을 것이다. 그래도 그 안에서 사소한 행복을 찾는다면 좀 더 슬기롭게 파도 잡기를 즐길 수 있지 않을까.

점에서
•
선으로
그리고 물결로

최송아

위대한 범죄
잘못된 떡볶이
쓰디쓴 술
보통의 엄마
나는 다시 피어나기로 했다
한계는 없다
나는 나의 봄이다
선물 같은 오늘, 나답게
어른이라 불리는 나이에 쓰는 솔직한 고백

위대한 범죄

초등학교 1학년, 내 세상에는 단 하나의 별이 있었다. 언제부터였는지 선명하진 않지만, 아마 우리는 말을 배울 때부터 함께였을 것이다. 같은 교실에 앉게 된 우리는 마치 자석처럼 더욱 가까워졌다.

나는 부모님의 맞벌이로 집에 돌아가면 적막만이 기다리고 있었고, 집으로 돌아간 그녀 또한 혼자이긴 마찬가지였다. 그녀는 부모님의 이혼으로 인한 아버지와의 생활, 나이 차이가 크게 나는 오빠들과 살고 있었다. 그녀와 우리 집은 걸어서 몇 분 거리였고, 우리는 외로움이라는 같은 색을 가지고, 서로의 곁을 채워주었다.

우리는 삶의 환경이 언뜻 비슷했지만, 그녀는 마치 성그러운 햇살 같았고, 나는 짙은 그림자 같았다. 그녀는 여자아이들 사이에서 자연스럽게 중심이 되었고, 털털한 성격으로 인해 남자아이들까지도 그 아이의 주변으로 몰려들었다. 반면 나는, 내성적인 성격 탓에 늘 무리에서 한 발짝 물러나 있었지만, 그녀는 그런 나를 한껏 자신의 옆으로 당겨 주었다. 결국 나도 자연스럽게 무리의 중심에 들어가게 되었다. 내게 있어 그녀는, 세상 그 무엇보다 든든한 방패였다.

그 시절, 우리 동네에는 작은 오락실 하나가 있었다. 동전 몇 개의 소박한 행복, 우리는 그곳에 가면 늘 DDR 게임 위에 올라간다. 화면 속 화살표가 쏟아지는 대로 발을 동동 구르며, 스텝을 맞추는 작업은 그녀와 내가 하나가 되는 밑거름의 과정이기도 했다. 서로 땀을 튀기며 헐떡거리는 숨을 나누는 이 시간이 내 가슴 속에 영원히 간직된 순간이다.

게임을 마치면 문구점을 기웃거렸다. 문구점 진열장 앞에는 알록달록한 펜들과 스티커 냄새가 작고 달콤한 유혹처럼 흘렀다. 또한 매콤달콤하게 절여진 학교 앞 떡볶이는 어떠한가. 우리는 서로의 젓가락을 장난스럽게 팅기며 정답게 웃어대곤 했다. 그렇게 흘러가는 하루하루가 나의 소중한 일상이 되었다. 나는 그런 친구가 내 친구라는 사실이 자랑스러웠다. 둘이서만 통하는 암호 같은 웃음, 오래된 운동화 끈처럼 질기게 묶인 마음. 우리는 세상에서 제일 돈독한 사이였다.

어느 오후, 영원할 것 같았던 나의 소중한 일상이 흔들리기 시작했다. 문구점에서 예쁜 볼펜들을 구경하던 중에, 친구가 갑자기 내 귀에 속삭였다.
"야, 우리 이거 그냥 가져가자. 아무도 모를 거야. 나만 믿어."
그 순간, 내 심장은 가슴 밑바닥으로 곤두박질쳤다. 마치 얼음물을 한 바가지 뒤집어쓴 것 같은 충격이었다. 거절하고 싶었다. 안 된다고, 그럴 수 없다고 말하고 싶었다. 올바르지 않은 일이라는 걸 본능적으로 알았지만, 그 두려움보다 더 컸던 것은, 버려질지도 모른다는 공포였다.
만약, 내가 그녀의 말을 거절하면, 그녀가 부정당했다고 생각해서 나를 멀리하면 어떡하지? 내가 혼자 남게 되면 어떡하지?'

그 두려움 앞에서 나는 고개를 끄덕였다. 손바닥만 한 볼펜 하나를 가방에 슬쩍 넣고, 평소와 다름없는 표정으로 문구점을 나왔다. 무탈히 그곳을 빠져나왔다는 안도감과 성공했다는 우월감이 나의 긴장을 풀어 주었다. 친구와 나는 성공했다고 손을 맞잡으며 웃었지만, 나의 가슴 어딘가에는 작고 어두운 점 하나가 찍혔다.

나의 첫 도둑질은 그렇게 끝이 났다. 허망하게 끝나버린 도둑질은 한번으로 끝나지 않았고, 두 번째, 세 번째도 계속 이어져갔다. 처음 나를 옥죄던 긴장감은 점차 옅어지고, 대신 알 수 없는 쾌감과 대담함이 그 자리를 메웠다. 잘못된 길을 걷고 있다는 것을 마음 한구석에선 분명히 알고 있었지만, 누군가와 함께 비밀을 공유한다는 기묘한 연대감과 아슬아슬한 줄타기 끝에 찾아오는 성취감은 마치 아담의 사과처럼 나를 이끌었다. 이것은 얇은 얼음 위에서 달리기 시합을 하는 기분, 발밑이 위험하단 걸 알면서도, 한 번 더 속도를 올리고 싶어졌다.

모든 진실은 언젠가 드러나기 마련이다. 분명히 평소

와 같은 날이었다. 어느 날과 똑같이 문구점 입구만 나오면 된다고, 생각했다. 문 앞을 지나 친구와 나가려던 그때, 누군가 우리 앞을 가로막았다. 그는 문구점 사장님이셨다. 우리의 밑천이 드러나는 순간이었다. 나는 두렵고 무서웠다. 이건 꿈이구나 싶었다. 내 예상과 다르게 사장님께서는 호통을 치거나 부모님께 연락하지 않았고, 조용하지만 단호한 목소리로 우리를 조용한 곳으로 불렀다.

"경찰에 신고하진 않겠지만, 너희가 얼마나 잘못했는지 스스로 생각해 보렴."

그 순간, 내가 쌓아 올린 작은 성은 와르르 무너져 내렸다. 나는 쥐 죽은 듯 조용히 앉아 반성문을 썼고, 고작 몇 자 되지는 않지만, 종이 위에 펜이 긁히는 소리는 나의 부끄러움이 내는 소리 같았다. 부모님께 연락하지 않겠다는 말, 조용한 타이름, "다음엔 그러지 말자"라는 한 문장이 내 등을 가볍게 눌렀다. 문을 나서는 순간, 눈물이 볼을 타고 주르륵 흘러내렸다. 그 눈물은 한 가지의 이름을 갖지 못했다. 창피함, 수치심, 두려움이 뒤섞인 듯 눈물은 미적지근했다. 가슴 한쪽은 뻐끈했고, 안쪽에서 작은 유리잔 하나가 금이 가며 깨지는 소리가 들렸다. 그때의 소리는 죄책감과 무게가 아니라 온도라는 것을 알려주려고 들려온 소리가 아니었을까? 이 온도는 아직도 나에게 식지 않는 차가움으로 남아 있다.

그날의 경험은 내 마음 깊숙한 곳에 깊은 흔적을 새겼고, 옳고 그름에 대한 명확한 기준을 세워 주었으며, 인생에서 '양심'이라는 것을 만지듯 자각한 순간이기도 하다. 잘못을 인정하는 데는 용기가 필요했고, 반성에는 시간의 온기가 필요하다. 누군가의 조용한 용서는, 뜨겁지 않지만 오래가는 난방처럼 사람을 데워서 다시 밖으로 걸어나가게 했다. 언젠가부터 나는 그날의 사장님을 떠올리면, 꾸짖음보다 침묵의 힘을 먼저 생각한다. 아이를 부끄럽게 만드는 건 큰 목소리가 아니라, 믿어주는 진실함이다. 문구점 사장님은 경찰을 부르는 대신 우리에게 기회를 주셨다. 그 조용하고 단호한 목소리 속에는 아이들을 향한 믿음이 담겨 있었다. 우리가 잘못을 깨닫고 더 나은 사람이 될 수 있다는 믿음 말이다.

나는 오늘도 작은 선택의 앞에 서 있다. 비밀의 짜릿함 대신 정직의 느린 안심, 순간의 박수 대신 오래가는 신뢰.

때로는 잘못된 길로 빠지는 것도 성장의 한 과정인지도 모른다. 중요한 그 순간을 어떻게 받아들이느냐의 차이이지 않을까? 기회를 만들 것인가, 아니면 그냥 지나쳐 버릴 것인가.

나는 운 좋게도, 그 어린 시절의 실수를 통해 성장의 기회를 얻을 수 있었다.

그날의 창고에서 배운 것은 단순하다. 사람은 때로 넘어지며 배운다. 넘어지고 배울 것인가, 넘어지기 전에 배울 것인가는 내가 선택하는 것이다. 우리는 스스로 멈출 수 있는 선택을 충분히 할 수 있다. 스스로 멈출 때를 알면 비로소 내가 되는 것이다.

그 이후, 나의 절도는 완전히 끝났다. 나는 종종, 문구점 앞에 선 어린 나를 떠올린다. 누군가의 인정이 필요해 손에 쥔 작은 볼펜 하나. 사실 그때, 내가 훔치고 싶었던 건 물건이 아니라, 그녀가 나를 버리지 않을 것이라는 믿음이 아니었을까? 내가 정말로 원했던 건, 그녀와 함께 걷는 발걸음이었을 것이다.

잘못된 떡볶이

 내 초등학교 시절은 온통 떡볶이 냄새로 가득했다. 학교에서부터 걸어서 10분쯤 걸리는 작은 분식집. 앞치마를 두르고 땀을 뻘뻘 흘리며 떡볶이를 볶던 엄마는, 그 작은 가게의 여왕이자, 우리 동네의 슈퍼스타였다.

 엄마의 떡볶이는 마법 같았다. 매콤달콤한 소스에 윤기가 흐르는 떡, 어묵, 파가 한데 어우러져 반짝거렸다. 그 시절 학교 앞 분식집 떡볶이와는 차원이 달랐다. 엄마는 아이들에게 무척 관대하셨다. 동전 몇 개밖에 없는 아이들이 눈치를 보며 들어오면, 엄마는 환한 미소를 지으며 말씀하셨다. "우리 딸 친구야? 그냥 줄게. 우리 딸하고 친하게 지내줄래?" 그 말은 내 가슴에 뿌듯함으로 부풀어 오르게 했다. 내 친구들이 감탄하는 표정을 볼 때마다, 나는 남들에 비해 대단한 딸이 된 기분이었다. 엄마는 내게 자랑스러운 슈퍼히어로였고, 나는 우리 동네에서 가장 부러운 아이가 된 것 같았다.

 초등학교 3학년 어느 날, 점심시간도 되기 전에 엄마가 떡볶이를 싸 들고 학교에 오셨다. 복도에 서서 손을 흔드는 엄마의 모습은 마치 세상에서 가장 빛나는 사람처럼 보였다. "친구들이랑 나눠 먹어. 엄마가 오늘 진짜 맛있게 했어." 붉은 국물이 통 가장자리까지 찰랑찰랑했고, 고소한 어묵과 쫄깃한 떡이 보석처럼 반짝였다. 뜨끈한 떡볶이의 온기가 손을 타고 심장까지 퍼지는 것 같았다. 친구들에게 자랑할 생각에 내 마음은 풍선처럼 한껏 부풀었고, 왠지 모를 뿌듯함이 온몸을 휘감았다.

 점심시간 종이 울리자마자 나는 잽싸게 떡볶이를 꺼내 들었고, 주위의 친구들을 불러 모았다. 친구들이 모여들자, 나는 의기양양하게 뚜껑을 열었다. 뚜껑을 여는 순간, 붉은 떡볶이가 보석함 속 보물처럼 반짝이며 모습을 드러냈다. 김이 모락모락 피어오르고, 달콤하면서도 매콤한 냄새가 교실 안을 가득 채웠다. '와, 이건 인기 폭발이다' 라고 속으로 확신하며 뿌듯하게 친구들을 돌아보았다. 나는 환호성을 기대했지만, 내 눈에 들어온 것은, 그 누구도 예상치 못한 친구들의 미묘한 표정들이었다. 마치 썩은 우유를 발견했을 때와 같은 그런 표정.

"야, 저 떡볶이 재탕한 거래."

"진짜? 손님 남긴 거 다시 끓여서 파는 거래잖아."

"으… 더러워. 안 먹어."

마치 폭탄이 터진 것처럼, 아이들의 조롱이 여기저기서 터져 나왔다. 그 순간 내 온몸이 얼어붙었다. 조롱 섞인 속삭임이 마치 칼날이 되어 내 심장을 꿰뚫는 것 같았고, 귀에서는 이상한 윙윙거리는 소리만 들렸다. 눈앞의 붉고 탐스럽던 떡볶이는 순식간에 회색빛으로 변해버린 듯, 내 눈앞도 깜깜해졌다. 거짓말이라고 외치고 싶었다. 우리 엄마는 그런 분이 아니라고, 이 떡볶이는 특별히 우리를 위해 만든 거라고 말하고 싶었다. 눈물은 목구멍까지 차올랐고, 친구들 앞에서 울고싶지 않았다. 한마디라도 하는 순간 떨어질 것 같은 눈물 때문인지, 부정할 수 없는 잔인한 현실 때문인지, 나는 반벙어리처럼 아무 말도 하지 못했다.

사실, 나도 본 적이 있었다. 손님이 남긴 떡볶이를 아깝다며 다시 넣는 모습. "다시 끓이면 괜찮아, 아깝잖아"라고 말씀하시는 엄마의 목소리가 내 머릿속에 맴돌았다. 어린 나에게 엄마의 행동은 이해하기 어려웠다. 그 당시 엄마에겐 단순한 절약이 아닌, 하루를 버텨내는 엄마만의 삶의 방식이며, 음식을 하나라도 더 팔아야 하는 절박함의 발버둥 치는 삶의 단면이었지만, 이러한 행동은 누구 앞에서도 변명이 될 수는 없었다. 하지 말아야 할 행동이었으니까. 어린 나도 알고 있었다. 잘못된 행동을 봤을 때 엄마에게 말했어야 했었다. 말렸어야 했었다. 도저히 나는 엄마가 상처받을까 어떠한 말도 하지 못했다.

친구들은 하나둘 나에게서 멀어져 갔다. 나는 혼자 남겨진 채, 교실 한가운데 외톨이가 되었고, 조심스럽게 떡볶이 두세 개를 입안에 넣었다. 젓가락을 든 손은 덜덜 떨렸고, 눈에는 눈물이 또르르 떨어졌으며, 입속은 불이 난 듯 매웠다. 너무나 창피하고, 수치스러웠고, 서러웠다. 떡볶이는 목구멍 안으로 넘어가지 않았다. 결국, 화장실에 문제의 떡볶이를 모두 변기에 쏟아버렸다. 떡볶이는 소용돌이치며 사라졌지만, 빨간 얼룩이 변기에 남았다. 나의 마음에도, 얼룩이 지워지지 않는 흔적으로 남아 버렸다.

그날 저녁, 엄마는 물으셨다. "애들하고 맛있게 잘 나눠 먹었어?" 나는 그저 작게 고개를 끄덕이며, 이제 떡볶이는 학교에 가져오지 말라고 했다.

놀림당한 이야기도, 눈물이 쏟아졌다는 사실도 말할 수가 없었다. 나를 가장 아프게 한 건 따로 있었기 때문이다. '엄마가 나를 챙기려 한 일이, 나를 창피하게 만든 건 아닐까'라는 그 생각이 나의 마음을 찢어 놓았다. 모든 상황이 나를 아끼려던 엄마의 마음에서 시작되었고, 엄마가 나를 위해 한 일이, 결과적으로 나를 가장 창피하게 만들었다는 생각에 고통스러웠다.

엄마가 밉기도 하고, 동시에 안쓰럽기도 했다. 왜 그런 식으로 장사를 하셔야 했을까. 왜 나를 이런 상황에 놓이게 하셨을까. 이해가 되지 않았고 화가 치밀다가도, 매일 새벽부터 밤늦게까지 떡볶이 냄비 앞에서 씨름하며, 조금이라도 더 벌어보려 온종일 혼자 분투하시는 엄마의 뒷모습이 떠올랐다. 하루에 몇 그릇이라도 더 팔아보려 애쓰던 손, 음식 하나라도 덜 버려보려는 마음. 그 고단함이 내 입술을 꿰맸다. 내 입에서 나오는 한마디가 엄마 마음에 또 하나의 상처를 남길까 봐, 엄마의 떡볶이를 맛볼 수 없을까 봐 두려웠다. 그 후로 엄마가 떡볶이를 학교로 가져오시는 일은 없었다.

나는 아직도 그날의 이야기를 엄마에게 털어놓지 못했다. 어쩌면 평생 말하지 못할지도 모른다. 어린 날의 부끄러움과 눈물이, 지금의 나를 단단하게 빚어낸 순간이었다.

그날 내가 마주한 떡볶이는 단순한 음식이 아니었다. 그것은 엄마의 분투가 끓어 넘치는 붉은 바다였고, 고춧가루와 설탕만이 아니라, 고단한 하루와 절박한 마음, 그리고 아이를 지켜내려는 사랑이 함께 끓고 있었다. 나는 그 뜨거운 국물을 받아들이고, 세상이 알지 못하는 엄마의 진심을 함께 삼켜냈다.

사람들은 종종 남들이 던지는 조롱 앞에서 무수히 무너진다. 우리는 그 조롱보다 더 뜨겁게 나를 지탱하는 것이 있다는 것을 알아야 한다. 이것이 바로 사랑의 힘이다.

떡볶이 한 통에 담긴 사랑이 내 어린 마음을 지켜낸 것처럼, 지금 나의 고단한 삶 속에서도 그 뜨거운 마음을 기억하며 버틴다.

그날의 수치심은 아이러니하게도 나를 자라게 했다. 나는 상처를 통해 다른 이의 고단함을 더 깊이 이해하게 되었고, 서툰 사랑을 함부로 평가하거나 비웃지 않게 되었다. 그것은 어린 날 배운 값비싼 교훈이자, 어른이 된 지금의 나를 다르게 만들어주는 하나의 기회였다.

사랑이 담긴 상처는 결국 우리를 단단하게 만든다. 가장 부끄럽던 순간이, 어쩌면 나를 지혜롭게 성장시켜주는 순간이었을지도 모른다.

쓰디쓴 술

완벽한 언니와 불완전한 나

 어릴적부터 우리 부모님은 나의 인생에 크게 관여하지 않았다. 나에게는 자유였고, 동시에 불 꺼진 빈집이었다. 아무것도 없는 방처럼 넓지만, 그토록 서늘한 자유, 혹시 나에게 간섭할 필요를 느끼지 못하셨던 것은 아닐까?

 나에게는 한 살 많은 언니가 있었다. 마치 우리 집의 모든 기대와 자랑을 혼자 짊어진 채 빛나고 있었고, 그녀는 못하는 것이 없었다. 미다스의 손처럼 배우는 것마다 잘했으며, 용기있고 현명한 그녀는 주위 사람들에게 인기도 많았다. 그에 반면 나는 어수룩했다. 딱히 특출난 것도 없고, 내성적이며 낯을 많이 가렸다. 그렇기에 황금처럼 빛나던 그녀는 나에게 단순한 '가족'이 아니라, 우상으로 보였다. 나는 초등학교 저학년까지, 언니 뒤만 졸졸 따라다녔다. 그녀가 말하는 것, 가는 곳, 하는 것을 마치 도플갱어처럼 흉내내려 했다.

그녀는 그런 나를 매번 귀찮아했다. "저리 가, 따라다니지 좀 마. 떨어져!" 그녀의 차가운 말이 내 가슴에 비수로 박힐 때마다, 나는 작은 새가 둥지에서 밀려나는 기분이었다. 어느 순간 나는 그녀를 따라다니지 않게 되었고, 혼자 다니는 법을 스스로 배워야 했다. 그녀와 나는 각자의 길을 걷기 시작했고, 같은 집에 살면서도 우리는 점점 다른 궤도를 그리며 돌기 시작했다.

나는 점점 집이 싫어졌다. 형편이 좋은 것도 아니고, 그렇다고 화목한 편도 아니다. 현관문을 열고 들어가면 불안한 적막이 날 맞이했다. 낮에는 그 고요함이 집을 지배했지만, 밤에는 언제 폭풍이 몰아칠지 모르는 긴장감 속에 늘 내 안에는 불안이 가득했다. 긴장감 속에서 지친 나는 늘 밖에서 위안을 찾아 나돌기 시작했다.

친구들과 놀면 그 모든 순간의 걱정거리들은 구름처럼 사라져버린 듯 날아갔다. 그 기분을 계속 느끼고 싶었다. 아쉽게도 밤은 오고 현실은 냉정했다. 밤이 되면 늦게라도 긴장감 속으로 발걸음을 옮겨야 했다. 두려움과 체념이 뒤섞인 발걸음이었지만, 내가 돌아갈 수 있는 곳은 결국 그곳뿐이었다.

새로운 시작, 새로운 나

중학교에 입학했다. 초등학교와는 다른 공기. 들이마시면 낯선 금속 맛이 났고, 내쉬면 조금 설레는 단내가 났다. 초등학교 친구들이 몇 명 보이긴 했지만, 대부분은 처음 보는 얼굴들이었다. 친구를 다시 사귀어야 하는 생각에 걱정스러웠지만, 동시에 새로운 나를 보여 줄 수 있다는 긴장과 설렘이 온몸을 감쌌다.

나는 언니와 다른 학교에 배정받았다. 처음에는 "언니 친구들이 나의 선배였으면 좋았을 텐데…"라는 소박한 바람이 있었다. 그 바람은 끝내 이루어지지 않았다. 그때부터였을까. 우리는 정말 각자의 세상에서 살게 되었고, 각자의 친구와 각자의 고민과 함께, 힘든 일이 있어도 그녀에게 털어놓지 않는 것이, 아니, 털어놓지 않게 된 것에 익숙해져 버렸다. 그러다 보니 다른 자매들과 달리 우리는 청소년기에 추억이 그다지 많지 않다.

다행히도 나에게는 새 친구들이 생겼고, 찬란한 시간들을 보낼 수 있었다. 중학생은 '질풍노도의 시기'라고들 많이 한다. 또는 중2병, 그 시기 나에겐 '무엇이든 해보는 시기'였다. 호기심으로 가득 찬 미지의 세계를 탐험하는 기분이랄까.

첫 번째 금기의 경험

중학교 1학년, 친구 하나가 나에게 야한 동영상을 처음 보여 주었다. 처음 그것을 봤을 때의 느낌은 무념무상이었다. 감성적으로 다가가기 보다는 이성적으로 '성관계는 이렇게 하는 것이구나'라며 진지하게 본 것 같다. 오히려 그것을 보여 준 친구의 반응이 나에겐 더 재미있었다. 친구가 야동을 보여 주기 전에 나에게 질문을 하나 했다.

"사자가 고기를 먹는 모습을 보면 어떨 것 같아?"

"음… 그냥 밥 먹는구나 할 것 같은데? 왜?"

"내가 재미있는 거 보여 줄게!"

이 질문에는 숨은 의도가 있었다. 사자가 고기를 먹

는 모습을 본 후의 반응과 처음 야동을 보고 난 후의 반응이 비슷하다며 질문한 것이었다. 아니나 다를까, 내 반응은 질문의 답과 언뜻 비슷했다. 우리는 서로 신기하고, 재밌어서 정신없이 웃기 바빴다. 그것은 친구와 나만의 특별한 비밀이자 추억이 되었고, 어른의 세계를 살짝 엿본 첫 번째 경험이었다.

칭송받고 싶었던 마음

우리 외할머니는 동네에서 작은 슈퍼를 하셨다. 엄마는 자주 가서 도와주시곤 했고, 나는 슈퍼에 놀러 가면 먹고 싶은 과자를 마음껏 먹을 수 있었다. 내 어린 시절의 사소한 천국. 나의 소중한 천국을 지옥으로 만들뻔한 적이 있었다.

어느 한 친구와 친구 생일파티를 준비하다 술 이야기가 나왔다. 친구들은 내가 외할머니 슈퍼에서 술을 가져올 수 있을 거라며 기대 섞인 눈빛을 보냈다. 내 심장이 요동쳤다. 두근거림은 마음에 핀 불안의 꽃이었다. 일 년에 한 번뿐인 친구의 생일, 특별한 날 특별한 추억을 남겨 주고 싶었다. 나의 막중한 임무, 나로 인해 축제가 될지, 비극이 될지는 나의 선택에 달린 문제였다. 나는 모든 이들의 눈총을 받기 싫었다. 그 무엇보다 무시당하고 싶지 않았다. 나는 잘못될까 두려웠지만, 여기서 내가 술을 가져오면, 이 무리에서 내가 주인공이 되는 것 같아 꼭 해내고 싶었다. 그 간절함이 두려움을 덮어버렸다.

엄마에게 전화를 걸었다. 마침 엄마는 할머니의 슈퍼에 계셨고, 아빠는 매일 술을 드셨기에, 아빠 심부름으로 술을 가지러 간다고 말씀드렸다. 엄마는 아무 의심 없이 나에게 술을 건넸고, 나는 그 술을 들고 친구들에게 가져갔다.

친구들의 찬사가 빗발쳤다. 나의 어깨는 하늘로 솟구쳤고, 나는 마치 무대 위의 성공적인 공연이 끝나고 서 있는 유명가수 같았다. 들뜬 마음도 잠시, 문제가 또 하나 생겼다. 술은 있으나 마실 장소가 없는 것이었다. 빈 집은 우리집 뿐이었다. 종종 낮에 아빠가 오시기는 하지만 그날은 오지 않으셨다.

친구들과 우리 집으로 향했다. 떨렸다. '이러다 갑자기 누가 오면 어떡하지?' 나의 걱정과는 달리 아무도 집에 오지 않았고, 처음 맛본 술은 썼지만, 친구들과의 시간은 쓰디쓴 술보다 달콤했다. 친구들이 집으로 돌아간 후, 나는 일상의 저녁을 맞이했다. 나만 알고 있다는 것에 기분이 짜릿했지만 동시에 마음 한켠에는 무언가 꽉 막혀 있는 듯이 답답했다. 나는 평소에 아빠에게 궁금한 것이 있었다. 아빠는 나에게 "술 먹고 싶으면 먹어도 된다"라고 종종 말씀하시곤 했다. 그저 그 말이 사실일까, 정말 궁금했다. 직접 물어보면 긍정의 표시만 할 뿐 진지하게 대답한 적은 없었다.

두 번째 도전과 배신감

며칠 후, 친구가 나에게 너무 즐거운 시간을 보냈다며 한 번 더 마시자는 제안을 했다. 한 번 해봐서 그런가, 이번에는 그리 겁나지 않았다. 나는 이번에 친구의 제안을 서슴없이 받아들였다. 더 많은 친구들이 우리 집에 모였고, 술도 더 많이 가져왔다.

엄마는 의심의 눈초리로 나를 바라보았다. 살짝 당황했지만, 착한 우리 엄마는 그저 속아 넘어가 주셨는지,

아니면 정말 몰랐는지, 혹은 나를 그저 믿고 싶었던 거였는지, 스스럼 없이 나에게 술을 건넸다. 이쯤 되니 나도 모르게 짜증이 올라왔다. 이유는 알 수 없었다. 알면서 모르는 척하는 엄마의 모습에 서운했던 것일까? 아니면 잘못된 모습을 바로 잡아 주지 않아서일까? 그저 관심받고 싶은 것이었을까? 나는 점점 의구심이 들었다.

풀리지 않는 문제를 뒤로 한 채, 친구들과 술을 마신 후에, 찜질방에 가기로 했다. 술자리를 마친 후, 왠지 모르게 나는 술병을 치우고 싶지 않았다. 아빠가 술을 마셔도 상관없다고 말했으니까, 마셔도 되는 거 아니었나? 확인해 보고 싶었다.

나는 '나 술 마셨어요' 라고 알려주는 듯이 일부러 덜 치운 척 술병만 한쪽으로 모아 두었다.

깨진 신뢰

찜질방에서 옷을 갈아입으려던 찰나, 전화가 왔다. 아빠였다. 화가 난 목소리로 집에 오라고 소리쳤다. 집을 챙겨 집에 갔고, 술을 마셨냐는 질문에 솔직하게 대답했다.

아빠는 나에게 반성문을 쓰라고 지시했고, 나는 조금 억울했다. 술을 마셔도 된다는 말을 믿었을 뿐인데, 정말로 마셨더니 왜 마셨냐니. 역시 아빠의 말뿐인 행동에 깊이 실망했다. 이상하게 아빠 앞에 서면 나는 한없이 작아져서, 어떠한 말도 나오지 않는다. 아빠보다는 아무 말 하지 못한 내 자신이 한심하기 그지없어 보였다.

반성문에 이런 마음은 적지 않았고, 그저 단순히 '잘못했다'라고만 적었다. 말의 가벼움이 내 어깨에만 무겁게 얹히는 이유는 뭘까? 서너 줄의 사과가 내 마음의 길이를 줄여 버렸다.

그날 이후로 나는 아빠의 말에서 믿음을 걷어냈다. 말은 바람이다. 말과 행동이 다를 수 있고, 허용과 묵인은 다를 수 있다.

그때를 돌아보며

지금 돌아보면, 부모님의 '간섭하지 않음'은 방치가 아니라, 살아내느라 빠듯했던 어른들의 호흡이었는지도 모른다. 언니의 존재가 내 그림자를 길게 만들었지만, 그 길어진 그림자 끝에서 나는 혼자 걷는 법을 배웠다. 사랑받고 싶어 들이킨 술은 결국 내 목 안의 외로움을 살짝 적셔 주었지만, 진짜로 취하게 만드는 건 술이 아니라, 누군가의 따뜻한 사랑과 말과 행동이 맞아떨어지는 신뢰이지 않을까?

기대받지 못했던 아이가 원하는 건 특별한 칭찬이 아니라, 말이 나를 버리지 않는 밤 하나였다. 그 밤을 스스로 만들어야 할 때도 있다. 나의 빈집을 채우는 첫 가구는 타인의 인정이 아니라 나의 기준이라는 것을 바라면서 마지막 반성문 한 줄을 남긴다.

나는 누군가의 말이 아니라, 나의 선택으로 어른이 될 것이다.

보통의 엄마

진부함 너머의 진실

엄마는 이 세상에서 가장 위대한 존재다.

이 말이 진부하게 들릴지도 모른다. 천 번도 넘게 들어본 말, 누구나 하는 말, 상투적인 표현 같다고 여길지도 모르겠다. 이 말은 내가 한 아이의 엄마가 되어 삶의 가장자리에서 수없이 무너지고 다시 일어서며 뼛속까지 이해하게 된, 그 어떤 명언보다 묵직한 진실이다.

나는 사라졌던 '나'를 다시 불러오기 위해 엄마라는 이름으로 살아가는 나 자신에게 이 이야기를 건네려고 한다. 혹시 지금 이 글을 읽고 있는 당신도 나처럼, 모성이라는 거대한 바다에서 자신을 잃어버린 채 표류하고 있다면, 이 이야기가 작은 등대가 되어주길 바란다.

작은 천사가 내게로 온 날

그날은 평범한 화요일 아침이었다. 병원 진료실의 차가운 공기 속에서, 의사는 마치 날씨 예보라도 하듯 담담하게 말했다.

"임신이네요. 축하드려요."

작은 천사가 내게 왔다는 소식을 들었을 때, 나는 환희보다 절망이었다. 마치 갑작스러운 소나기를 맞은 것처럼, 온 세상이 흐려 보였다. 축복이 내게 왔는데, 나는 기뻐할 수 없었다.

당혹, 혼란, 공포. 그런 어두운 감정들이 쓰나미처럼 순식간에 덮쳐왔다. 가슴 속 어디선가 작은 북소리가 울리고 있었지만, 그 소리는 곧 두려움의 파도에 잠겨버렸다.

설렘이 없었던 것은 아니다. 그 설렘조차도 너무 이르고, 너무 성급하다고 느껴졌다. 마치 아직 뿌리내리지 못한 새싹이 바람에 흔들리는 것처럼 불안했다.

과연 감당할 수 있을까? 기뻐하면 안 되는 것 아닌가?

자신을 다그쳤다. 세상 모든 여자가 당연히 느낀다는 그 기쁨을, 왜 나는 온전히 느낄 수 없는 걸까. 아무도 내게 이런 순간에 어떻게 살아야 할지 알려주지 않았다. 불확실한 미래 앞에서 나는 조용히, 깊이 숨을 내쉬었다. 폐 깊숙이 들어오는 공기가, 그 작은 생명과 나를 이어주는 실같이 느껴졌다.

세상이 내 등을 토닥여 준 순간

임신 중, 육아에 대한 뭔가라도 알아야 한다는 조바심에 산모교실을 찾아다녔다. 초보 엄마의 불안감은 마치 시험 전날 밤의 그 조급함과 닮아 있었다.

산모교실에 들어서는 순간 모든 게 낯설고 어색했다. 둥글게 둘러앉은 임산부들 사이에서, 나는 마치 처음 전학 온 아이처럼 어디에 앉아야 할지 몰라 헤매며, 그 속에서 나는 같은 불안을 안고 살아가는 사람들의 온기와 작고 따뜻한 위로를 만났다.

그날따라 조금 큰 행사였다. 강의가 끝날 무렵, 경품 추첨 시간이 있었다. 평생 당첨 운과는 거리가 멀었던 나는 전혀 기대를 하지 않고 집으로 갈 준비를 하고 있었다. 일어나려는 순간, 어디선가 익숙한 이름이 들려왔다. 바로 내 이름이었다. 내가 1등에 당첨된 것이다.

상품은 카시트였다. 내 생애 첫 1등이었다.

"축하드려요! 아기가 복을 가져다주나 봐요."

진행자의 말에 사람들이 웃었고, 나도 따라 미소지었다. 정말 그런 것 같았다.

그 순간만큼은 세상이 조용히 내 등을 토닥여 주는 것 같았다. 마치 "괜찮다, 잘할 수 있을 거야"라고 속삭여 주는 것처럼. 오랜만에 느끼는 안도감이 가슴을 따뜻하게 데워주었다.

또 한번은, 맘 카페에서 누군가 기부한 아기 옷과 장난감을 받으러 갔다. 처음 보는 사람이었지만, 그분은 마치 오랜 친구를 맞이하듯 반갑게 인사해 주었다.

"첫째 아이 키울 때 정말 도움이 많이 됐어요. 이제 다 컸으니까 필요한 분께 드리고 싶어요."

정성스럽게 세탁하고 개어둔 작은 옷가지들을 보며, 나는 마음이 뭉클해졌다. 아직 세상에는 따뜻한 사람들이 존재하고 있었다. 한 번도 본 적 없는 아이를 위해, 자신의 시간과 정성을 기꺼이 나누는 사람들, 시장에서 만난 할머니의 격려, 엘리베이터에서 마주친 이웃의 인사, 버스에서 자리를 양보해 준 학생의 배려들의 따뜻함이 나의 마음을 움직이게 만들었다.

그렇게 아주 작은 것들이 모여, "나는 혼자가 아니구나, 이 아이와 나를 둘러싼 세상은 생각보다 따뜻하구나"하는, 생각들이 차곡차곡 쌓여 조금씩 살아갈 희망을 만들어간다.

둘째라는 이름의 혼란

첫째가 이제 막 어린이집에 적응하기 시작했을 무렵이었다. 아침 울음이 조금씩 줄어들고, 어린이집에서 오는 전화가 거의 오지 않는 그 시점에서 둘째를 임신했다는 청천벽력과 같은 소식을 들었다.

눈물이 났다. 이것은 기쁨의 눈물이 아니었다. 준비되지 않은 마음, 준비되지 않은 몸에서 터져 나온 절망의 눈물이었다.

"이번엔 내가 잘할게, 정말로."

남편의 다짐은 익숙한 멜로디였다. 첫째를 임신했을 때도 들었던, 아이가 태어났을 때도 들었던, 그러나 결국 공허한 메아리가 되어버린 그 말들.

나는 그 말을 믿고 싶었다. 아니, 믿어야만 했다. 그래야 살아갈 수 있었으니까. 사람은 쉽게 변하지 않는다는 걸, 나의 몸은 이미 알고 있었다.

믿은 내가 어리석었을까, 아니면 믿고 싶었던 나의 절박함이 문제였을까. 맞다. 본질은 따로 있다. 처음부터 잘못됐다. 애초에 그와 결혼한 것이 문제인 것 같다.

나는 그 작은 생명 앞에서 다시 선택해야 했다. 내 아이니까. 내 안에서 자라고 있는, 이 세상에 단 하나뿐인 소중한 선물이니까.

선택이라고 했지만, 엄마라는 이름 앞에서 모든 것이 당연한 의무가 되어버리니 나는 사실 선택의 여지는 없었다.

거울 속에서 사라진 나

언젠가부터 거울을 보지 않게 되었다. 거울 앞에 있는 나를 마주하는 것이 힘들었다. 최대한 외면했다.

아침에 일어나 아이들을 깨우고, 밥을 먹이고, 옷을 입히고, 어린이집에 보내고, 집안일을 하고, 저녁을 준비하고, 아이들을 씻기고, 재우고, 그 모든 일상 속에서 나는 스쳐 지나가는 그림자 같은 존재로 지냈다.

마치 바닷물이 모래사장의 발자국을 지우듯 조용하지만, 확실하게 내 안에서 '나'라는 이름을 서서히 지워버리고 있었다.

웃고 있는 아이들을 보고 있으면 나는 왜인지 눈물을 삼키고 있었다. 아이들은 너무 예뻤고, 사랑스러웠고, 소중했지만, 그 속에 나는 없었다.

"엄마가 행복해야 아이도 행복하다."

육아서에서, 블로그에서, 주변 사람들에게서 수없이 들었던 이 말을 되새기며, 나는 내게 물었다.

나는 지금, 행복한가?

아무 대답도 돌아오지 않았다. 대신, 눈물이 볼을 타고 흘러내렸다. 삶이 무료하고 부질없다고 느껴졌다. 세상에서 가장 소중한 존재들을 키우고 있으면서도, 나는 나 자신을 가장 하찮은 존재로 여기고 있었다.

'이제 그만하고 싶다. 다 내려놓고 싶다. 뭐, 어떻게든 되겠지.'

그런 위험한 생각이 날마다 나의 머릿속으로 파고 들어왔다. 마치 담배 연기처럼 천천히, 나의 마음에 좀먹어 들어오는 그 생각들과 나는 매일 싸워야 했다.

작은 젤리 하나가 가져온 기적

그저 똑같은 일상, 점심을 먹은 후 편의점에서 젤리를 하나 집어 들었다. 먹으려던 것도 아니었고, 그냥 무심코 손이 닿은 것이었다.

업무를 하는 중 책상 위에 올려둔 채 하루를 보냈다. 그 순간, 아이들이 떠올랐다. 집에 가져가면 좋아하겠지? 오랜만에 느끼는 감정이었다. 누군가를 기쁘게 해주고 싶다는, 그 따뜻한 마음. 작은 미소가 입가에 번졌다. 오랜만에 웃었다. 진짜 웃음이었다. 퇴근 후 아이들에게 젤리를 내밀었을 때, 아이들의 두 눈이 별처럼 반짝이며 말했다.

"우와! 엄마가 세상에서 최고야!"

그 짧은 말 한마디가 얼어 있던 내 마음을 완전히 녹여버렸다. 마치 봄날 첫 햇살이 얼음을 녹이듯, 그 말은 내 가슴속 깊이 박혀 있던 차가운 돌덩이를 따뜻하게 데워 주었다.

나는 살아 있었다. 살아가고 싶었다.

이 아이들의 엄마로, 이 작은 존재들의 울타리로, 때로는 친구로, 때로는 선생님으로, 때로는 그냥 함께 웃고 우는 동반자로 살아가고 싶다.

매일 나를 안아 주기

이제 나는 매일 나를 안아 주며 거울 속 나에게 말한다. 아침에는 하루의 시작을 응원하며, "오늘도 고생 많을 텐데, 힘내자." 저녁이 되면 자신을 다독인다. "오늘도 잘했어. 괜찮아."

나는 여전히 많이 부족하다. 늘 아이들에게 화를 내고, 후회하고, 자책하기를 반복한다. 완벽한 엄마와는 거리가 멀지만, 아이에게 하나뿐인 울타리가 되어 주려 하기에, 나는 포기하지 않을 것이다.

세상의 재앙 앞에서도 다시 일어날 수 있도록, 아이들의 내면이 단단해지기를 바란다. 그러기 위해서는 나부터 단단해져야 한다. 흔들리는 나무는 안정적인 그늘을 만들어 줄 수 없으니까.

불안전한 내 모습까지도 나를 인정하고, 받아들이고, 사랑해야 한다. 나는 아이들이 언제나 돌아올 수 있는 따뜻한 집이 될 것이다.

완벽하지 않은 사랑

나는 딱히 특출난 엄마가 아니다. 교육학을 전공한 것도 아니고, 완벽한 요리를 하는 것도 아니고, 항상 차분하고 인내심이 넘치는 것도 아니다. 그저 부족한 사람이 엄마가 되어, 매일 실수하고 배우며, 다시 자신을 찾아가는 평범하지는 않지만, 평범한 엄마이다.

엄마라는 이름은 누군가를 지키기 위한 이름인 동시에, 나를 다시 알아 가기 위한 이름.

아이를 사랑하는 만큼 나 자신도 사랑해 주고, 아이에게 건강한 사랑을 주기 위해서는 내가 먼저 건강해야 한다.

나는 오늘도 아이를 안으며, 나 자신을 안아본다. 그리고 매일 다짐한다.

괜찮다. 우리는 잘하고 있다. 완벽하지 않아도, 부족해도, 우리는 충만해질 것이다.

그렇게 나는 내일도, 그다음 날도, 이 작은 존재들과 함께, 조금씩 더 단단해지며, 조금씩 더 사랑하고 아이들과 함께 웃음이 넘쳐나는 일상을 늘 함께하자고….

나는 다시 피어나기로 했다

　내 마음 안쪽에는 늘 알 수 없는 검은 그림자가 자리 잡고 있었다. 알 수 없는 슬픔과 막연한 무서움, 모든 것이 두려웠다. 오랫동안 나는 그 감정의 정체를 알지 못한 채, 그저 '우울하다'라고만 생각했다. 하지만 깊은 곳을 들여다본 지금, 나는 그것이 '불안'이라는 걸 알게 되었다.

　온전한 휴식은 나에게 절대 허락되지 않은 듯, 수면의 질은 현저히 떨어졌다. 낮은 밝아서 잠이 오지 않았고, 밤에는 잠을 자기 아쉬운지, 새벽 2시 넘어서 자는 건 기본이며, 아이들로 인해 아침 7시에는 일어나야 했다. 자면서도 잠귀가 밝아 무슨 소리가 들리거나, 불편하면 자다깨는 일이 태반이었고, 여기에 남편의 코골이까지 있었으니. 결혼하고 마음 편히 잠을 잔 적은 단 한번도 없었다. 몸과 마음은 지치고, 자존감은 바닥을 쳤다. 극단적인 생각은 날마다 나를 스쳐 지나갔고, 매일 지옥 같은 나날을 보냈다. 나는 무너지는 마음을 붙잡으며 하루하루를 버텼다. 누구에게도 내 마음을 제대로 꺼내 놓을 수 없었다. 그렇게 10년이 넘는 시간을 나는 그저 '버티며' 삶을 살아 나갔다.

어느 날, 아이와 함께 집에 있던 평범한 오후였다. 아이를 바라보는 나의 마음 한쪽이 뭉클해지더니, 하염없이 눈물이 쏟아져 나왔다.

'나 같은 무능한 엄마 밑에서 자라는 이 아이가 너무 안타깝고, 안쓰럽구나.'

머릿속에서 이런 생각이 나는 내 자신이 너무 한심하고, 창피했다. 나는 왜 이렇게까지 된 걸까, 나도 도무지 알 수 없었고, 이대로는 도저히 안 되겠다는 생각이 들어, 무엇이든 해야 할 것 같았다.

결국, 병원을 찾기로 했다. 8년 전, 첫째를 임신했을 때, 정신과를 방문한 경험이 있었다. 그 당시, 나는 임신 중이었기 때문에 약을 처방해 줄 수 없으니, 병원에서는 해줄 수 있는 것이 없다며, 진료비도 받지 않고, 나를 돌려보냈다. 나는 병원 계단에 앉아서 펑펑 울었고, 그 이후로 정신과에 대한 거부감이 생겼다. 정신과는 약밖에 해줄 게 없다는 선입견으로 정신과 자체를 가고 싶지 않았지만 지금은 내가 절실히 필요하다. 정말로 내 안에서 무언가가 부서지고 있었기 때문이다.

걱정 반, 긴장 반으로 도착한 병원. 검사를 하고 진료를 받았다. 결과는 예상보다 심각했다. '우울 수치가 우울증 환자의 수치보다 두 배 이상 높다.'는 결과가 나왔다. 예상은 했지만, 막상 확인하고 나니, 마음이 더욱 무거워졌다. 선생님은 조용히 내 이야기를 끝까지 들어주셨고, 그저 단순한 감기에 걸린 환자처럼 대해주셨다. 그게 얼마나 큰 위로가 되었는지, 안도감 때문이었을까, 하염없이 눈물만 나왔다.

약을 먹은 지, 일주일쯤 되었을 무렵, 온종일 시끄럽게 재잘거리던 머릿속이 조용해졌다. 어느 때보다 편안하고, 고요한 느낌이었다. 더는 어지럽던 생각에 휘둘리지 않았고, 단순히 눈앞의 일에만 집중할 수 있었다. 청소하고, 설거지하고, 책을 읽고, 아이를 돌봤다. 아무 느낌 없이, 그냥 그렇게 살았다. 그 평온이 내겐 큰 안식이었다.

그러다 문득, 이런 의문이 들었다. "나는 왜 이렇게 되었을까?" 나의 근본적인 원인을 찾아야만 했다. 마음,

감정. 심리, 철학 등에 관련한 책들을 탐독하고, 강의를 찾아 들었다. 공부하니 보이기 시작했다. 내가 그토록 힘들었던 이유는 단순한 우울 때문이 아니라, 오랫동안 나를 짓누르고 있던 '불안' 때문이었다는 걸. 불안이 쌓이고, 그 불안이 해소되지 않으면서, 우울로 번진 것이다. 나는 항상 누군가에게 거절당할까 봐, 실패할까 봐, 나를 싫어할까 봐, 버림받을까 봐, 무시당할까 봐, 두려워하고 있었다. 그 두려움이 나를 움츠러들게 했고, 무기력하게 만든 것이다.

'불안'이라는 감정을 정확히 인식하고 나서, 내 마음속의 퍼즐이 맞춰지기 시작했다. 불안이라는 감정을 알고 있었지만, 내가 불안하다는 것은 인지하지 못했다. 감정 중에 나쁜 감정은 없다. 불안 또한 마찬가지다. 불안은 나쁜 것이 아니다. 내가 그것을 다루는 방법을 몰랐던 것뿐이다.

나의 작은 변화가 시작되었다.

마침 친구에게 전화가 왔다. "내 생일 기념으로 스키장 가려고 하는데, 같이 갈래?" 걱정 반, 설렘 반의 마음으로 함께하기로 했다. 20살 때, 친척 언니와 타본 이후로 다시 타보는 스노보드. 처음에는 혼자 일어나는 것조차 힘들었다. 타다 보니 요령이 생기고, 타면 탈수록 심장이 뛰었다. 넘어지고, 또 넘어지고, 엉덩이뼈는 부서지는 것 같고, 온몸도 쑤셨지만, 이상하게, 신났다. 넘어지는 것이 즐겁고 함성이 나왔다. 웃음이 나올 만큼 즐거웠다. 오기가 생기고, 잘하고 싶다는 마음이 들었다. 결국 그날 중급 코스까지 타고 왔다. 집에 가는 길에 또 이 기분을 느끼고 싶어졌다.

그날 이후, 심장 뛰는 것에 맛을 들였다. 도전하는 것들이 점점 늘어나면서 체력이 받쳐주지 않을 때가 많아졌다. 그럴 때마다 스스로 벅차다며, 지치는 순간이 오지만, 그 지침조차 살아 있는 느낌이 든다. 지치면 잠깐 쉬었다가, 다시 시작하면 된다. 예전의 나는 조금만 지치면 손을 떼기 바빴다. 지금은 그러고 싶지 않다. 조금 늦으면 어떠한가. 지치면 조금 쉬었다 조금씩 가면 된다. 포기하지 않으면 된다. 그 선택이 나를 즐겁게 만들어 준다.

나는 여전히 나 자신을 잘 알지 못한다. 나지만 이해되지 않은 부분도 많다. 내가 어디를 향하든, 나는 이제 그 불안을 다스릴 수 있는 사람이 되어가고 있다. 도망치지 않을 것이다. 마주보며 함께 살아갈 것이다.

불안과 싸우는 사람이 아니라, 불안과 함께 걸어가는 사람으로 나아갈 것이다. 오늘도, 내일도, 즐기는 인생을 살기 위해, 지금 나는 한 걸음 더 앞으로 나아간다.

한계는 없다 (나의 10년 후)

창밖에는 늦여름의 햇살이 쏟아지고 있다. 나는 햇살을 등지고 앉아 이 글을 쓰고 있다. 한때 공허함으로 시들어 버렸던 나의 삶이 지금은 풍요로운 향기를 내뿜고 있음에 감사하다. 나는 내가 만든 평화롭고 충만한 삶의 흐름 속에서 매일 행복을 느끼며 살아가고 있다.

나는 여러 가지의 일을 하고 있다. 마음을 나누는 힐링치유센터를 운영하고, 책을 3권 정도 썼지만, 운 좋게 많은 분들의 삶에 작은 위로가 되어 베스트셀러 작가가 되었다. 감사하게도 어릴 적부터 동경했던 TED 강연 무대에 초청받았을 때는 믿기지가 않았다. 수많은 조명 아래 펼쳐진 객석을 보며 심장이 터질 듯 두근거렸다. '혹시 내가 아니라 다른 유명 작가와 착각해서 올린 건 아닐까?' 하는 엉뚱한 생각에 식은땀을 흘리기도 했지만, 그 순간 모든 것이 현실이 되었음을 깨달았다. 그토록 간절히 바라던 꿈이 이루어지는 순간, 온몸의 세포 하나하나가 살아나는 듯한 전율을 느꼈다.

강원도의 햇살 가득한 깊고 푸르른 산속에는 따스함이 가득한 힐링 가득 치유센터, '우리들의 마음에 다시 피어난 희망'이 자리하고 있다. 이곳은 단지 건물이 아니라, 지친 마음이 다시 살아나는 소중한 공간이다. 발을 딛는 순간 느껴지는 황토의 따뜻함과 나무의 향기는 어머니의 품처럼 포근하고, 창밖으로 펼쳐지는 아름다운 산세와 졸졸 흐르는 계곡물 소리는 바쁘게 달려왔던 마음의 짐을 저절로 내려놓게 해준다.

이곳에서는 나의 마음의 무게를 내려놓고, '진짜 나를 찾아가는 여정이 시작된다.

모든 프로그램은 '온전히 나를 알아 가는 시간'을 선물하는 데 초점을 맞추고 있다. 며칠 동안 디지털과의 거리를 두고 외부의 소음이 사라진 공간에서 내면의 목소리에 귀 기울이는 것부터 시작이 된다.

매일 아침 제공되는 감정일기를 시작으로, 혼자만의 시간에 떠오르는 감정과 생각을 솔직하게 기록하며, 나조차 몰랐던 내 마음의 지도를 그려보는 소중한 도구가 된다. '나는 왜 이 감정을 느끼는가?', '나는 무엇을 좋아하는가?'와 같은 질문에 스스로 답하며, 잊고 지냈던 진짜 나의 모습을 발견해 나가는 시간이다.

 이 시간을 통해 많은 분들이 자신의 상처와 마주하고, 그 상처가 단순히 아픈 기억이 아니라 삶을 이끌어 온 힘이었다는 것을 깨닫는 데에 초점을 맞춘다.

 이러한 자기 탐색의 시간을 돕기 위해 다양한 프로그램들이 마련되어 있다. 서로의 이야기를 진솔하게 나누는 '스토리 서클' 이라는 그룹 상담 프로그램, 나만 힘든 게 아니구나 라는 안도감을 함께 나누며 마음의 빗장을 열어 주어 소속감과 연대감을 준다. 또한, 맨발로 흙길을 걷고 나무의 거친 질감을 손끝으로 만지는 등의 자연 치유부터, 텃밭에서 직접 작물을 가꾸고 수확하며 생명의 소중함을 배우는 자연 농업 치유 프로그램까지 자연과 깊이 교감하는 시간은 잃어버린 삶의 활력을 되찾아 준다. 땀의 보람과 자연의 순리를 온몸으로 느끼는 소중한 시간이다.

 내면의 감정을 섬세하게 다루는 프로그램들도 있다. 잔잔한 음악을 들으며 마음속 깊은 곳에 숨겨진 감정을 떠올리거나, 직접 간단한 악기를 연주하며 나만의 리듬을 만드는 음악 치유 프로그램이 그렇다. 어색한 소리를 내더라도 모두가 함께 웃고 손뼉 치는 묘한 즐거움 속에서 묵은 감정들이 자연스럽게 해소될 수 있도록 해준다. 또한, 마음을 안정시키는 향을 직접 블렌딩하거나 천연 재료로 향초를 만드는 향기 치유 프로그램은 참가자들에게 깊은 평온을 선물한다.

 외면의 건강도 중요하다. 아름다운 풍경을 보며 몸과 마음을 정화하는 요가와 명상은 바쁜 일상으로 굳어진 몸을 부드럽게 풀어준다. 저녁에는 불빛 하나 없는 밤하늘 아래 모여 밤하늘을 수놓은 별들을 바라보는 별밤 관찰 시간을 갖기도 한다. 이 모든 시간이 마음을 비우고, '나'라는 존재에 온전히 집중하는 귀한 경험이 된다.

센터를 다녀간 이들은 한결같이 "이제야 숨통이 트이는 것 같다.", "내 삶을 다시 사랑하게 되었다."라고 말한다. 그들의 눈빛에서 나의 상처를 부끄러워하지 않고, '나'라는 존재의 소중함을 깨달았으면 하는 바람이다. 그들의 변화를 볼 때마다, 내 안에서 멈춰있던 시간이 비로소 다시 흐르는 듯한 감동과 벅찬 희망을 느낀다.

 나는 한 달에 한 번 이곳에서 특별 강연을 연다. 진솔하고 유머러스하게 나의 경험을 나누며, 절망 속에서도 희망을 찾을 수 있다는 메시지를 전한다. "당신이 겪은 아픔은 당신을 갉아먹는 독이 아니라, 더 깊고 넓은 사람으로 만들어 주는 귀한 자산이다."라는 메시지는 많은 이들의 눈물을 자아내곤 한다. 내 이야기는 세 권의 책으로 출간되어, 수많은 독자에게 깊은 위로와 용기를 주었다. 그들의 눈에 맺힌 눈물과 얼굴에 번지는 미소를 보며, 나는 이 길을 걷는 의미를 다시금 확인하게 된다.

 상담실에서 만나는 이들의 작은 변화에도 감사하고 강단에서 누군가의 마음에 희망을 심어줄 수 있다는 것에 큰 보람을 느낀다. 이것이야말로 온몸에 전율이 흐르는, 진짜 '살아 있다는 느낌'이 아닐까 한다.

나의 두 아들은 든든한 버팀목이자 가장 친한 친구이다. 아이들은 스스로 할 일을 찾고, 자신의 감정을 솔직하게 표현하며, 굳건한 자존감을 가진 청소년으로 성장했다. 얼마 전 첫째가 내게 이런 말을 했다.

"엄마가 자신을 찾아가는 모습을 보면서 저도 용기를 얻었어요. 저도 엄마처럼 되고 싶어요."

그 말을 듣는 순간, 가슴이 뭉클해지면서도 '내가 겪었던 모든 고통이 이 한마디를 듣기 위한 과정이었나.' 하는 생각마저 들었다. 그때의 나는 마치 오랜 시간 동안 어둠 속에 갇혀 있다가, 이제야 빛을 찾아 세상 밖으로 나온 듯한 기분이었다. 이보다 더 큰 보상은 없을 것 같다.

나의 삶은 이제 더 이상 세상과 단절된 존재가 아니다. 오히려 세상으로 깊이 들어가, 소외된 이들의 목소리에 귀 기울이고, 그들의 삶에 긍정적인 변화를 가져오는 역할을 하고 있다. 절망적인 환경 속에서도 포기하지 않고 나아가려는 의지만 있다면, 누구든 자신이 원하는 모습으로 피어날 수 있다는 것을 나는 온몸으로 증명하고 싶다.

나는 더욱 큰 희망을 향해 나아갈 것이다. 지금까지의 경험을 바탕으로, 사람들의 마음을 더 깊이 어루만지는 '치유소설'에 도전해 보려고 한다. 또한 국내 치유센터의 성공적인 경험을 토대로 해외에 치유센터를 설립하여, 언어와 문화의 경계를 넘어 마음이 아픈 이들을 위한 안식처를 마련할 계획이다. 치유센터가 더 넓은 세상으로 확장되기를 꿈꾼다.

고전 철학에서는 맹자가 이런 말을 남겼다. "하늘이 장차 그 사람에게 큰일을 맡기려 하면, 반드시 먼저 그 마음을 괴롭게 하고, 그 뼈를 깎는 고통을 주며, 그 몸을 굶주리게 하여, 그가 할 수 없는 일을 겪게 한다."
나는 이 말의 시련이 단순한 고통이 아니라, 더 큰 사람으로 성장하기 위한 '선물'이라고 생각한다. 당신의 삶도 예외는 아니다. 실패와 좌절을 딛고 일어서는 능력이 있어야 하며, 시련의 의미를 재정의하는 것이다. 고통을 겪고 있는 사람에게 "너는 큰일을 할 사람이라서 이런 시련이 오는 거야"라고 말해주는 건, 그 사람의 존재와 가능성을 믿는 깊은 응원이다.

 나의 이야기가, 지금 이 순간에도 어디선가 힘들어하고 있을 당신에게 작은 위로와 용기가 되기를 바란다. 아무리 절망적인 환경이고 안 되는 상황이라 할지라도, 포기하지 않고 끝까지 노력하면 결국 될 사람은 된다. 당신 안에 잠들어 있는 무한한 가능성을 믿고, 한 걸음 한 걸음 나아가리라. 당신의 삶은 당신이 생각하는 것보다 훨씬 더 아름답고 찬란하게 피어날 것이라 믿는다.

나는 나의 봄이다

여전히 울고 있는 너에게

 내 안에, 늘 여덟 살의 아이가 울고 있다는 것을 나는 서른둘이 되어서야 깨달았어. 그 아이에게 전하고 싶은 말이 있어 이 글을 써. 무섭지 않도록, 아주 조심스럽고 천천히 너에게 다가가 보려고 해. 그 작은 목소리를, 그 떨리는 손을, 그 두려워하는 눈빛을 더 이상 못 본 척하지 않을게. 어른이 되면서 그 어린아이는 사라졌고, 이제는 강해졌다고, 그때의 상처는 다 나았고, 자신을 속여 왔다고 생각했어. 바쁜 일상에서, 해야 할 일들에 파묻혀 살면서, 네 존재를 지워버리려고만 했지.

 너는 사라진 게 아니었어. 그저 내 마음 깊은 곳, 아무도 찾을 수 없는 어둠 속에 웅크리고 앉아 있었을 뿐이었어. 가끔 밤늦은 시간에, 혹은 혼자 있을 때, 예상치 못한 순간에 네 울음소리가 들려왔어.

그 울음은 새벽 3시 빈 아파트를 울리는 구급차 사이렌처럼 깊고 슬펐지. 그럴 때마다 나는 더 바쁘게 살려고 했어. 더 많은 일로 나를 채우고, 더 많은 사람과 만나, 시끄러운 곳에 가서 그 울음소리를 듣지 않으려고 했어.

아무리 피하려 해도, 이상하게 그 울음소리는 계속 들려오더라. 새벽에 잠에서 깰 때, 집에 돌아갈 때, 노래를 들을 때. 특히 비슷한 상황에 부닥쳤을 때 더욱 선명하게 들렸지.

네가 왜 그렇게 울고 있었는지 이제 이유를 알 것 같아. 넌 내가 너를 버렸다고 생각하고 있었던 거야. 엄마가 떠난 것처럼, 나도 너를 떠나버렸다고 믿고 있었던 거지. 그래서 더욱 작아져서, 더욱 조용히 울고 있었던 거야.

그동안 너를 혼자 두고 외면했던 것이 미안해. 네가 필요로 하는 사랑과 관심을 주지 않았던 것이 정말 미안해.

괜찮아.

울고 싶으면 언제든지 울어도 돼. 네 아픔을 혼자 짊어질 필요는 없어.

힘들 때는 힘들다고 말해도 괜찮아. 네 이야기에는 내가 귀 기울일게.

도망치고 싶다면, 어디든 함께 가자. 이제부터 너는 혼자가 아니야.

너는 그때나 지금이나 결코 혼자가 아니야. 사랑받을 자격이 충분한 존재야.

이제 그 사랑을 마음껏 너에게 줄 거야.

여덟 살의 나와 마주하다

엄마가 널 놔두고 떠나던 날, 네 세상은 순식간에 잿더미가 되었어.

당시 초등학교 1학년 1학기였던 너의 아침은 유달리 다른 날과 달랐지. 평소와 달리 엄마와 같이 가서 그랬던 것이었을까, 엄마의 슬픈 표정 때문이었을까. 너의 마음은 불안이라는 감정으로 뒤덮여 있었어. 횡단보도 앞에 멈춰 섰을 때, 엄마는 네 손에 만 원짜리 한 장을 건네주었어. 차갑게 느껴지는 그 지폐는 마치 겨울 아침 쇠창살을 만지는 듯 아주 차가웠지.

"이제 엄마 없어도 잘 살아야 해." 엄마의 그 한 마디가 네 가슴을 갈랐어. 그 순간, 너는 눈앞이 깜깜했지. "엄마가 나를 버린 걸까? 내가 뭘 잘못한 걸까?" 너는 속으로 혼자서 계속 되뇌었어. 그때 주변에 들리는 소리들을 기억해? 차들이 지나가는 소리, 다른 아이들의 재잘거리는 소리, 학교 종소리. 그 모든 소리가 멀게만 들렸지. 마치 물속에 있는 것처럼, 모든 게 흐릿하고 느려졌어. 심장이 조용히 찢어지고, 숨을 쉬는 것조차 어색해졌어. 너의 세상은 너무 넓고 낯설게 느껴져 무섭고 두려웠어. 그 작은 몸으로 감당하기엔 너무 무거운 짐을 혼자 짊어지게 되었던 거야.

네 마음속에 생긴 빈틈은 시간이 지나도 메워지지 않았어. 그 상처가 자라나는 동안 네 안에서 조용히, 그러나 깊게 뿌리를 내렸지.

그 이후로 너는 사랑을 믿지 않게 되었지? '사랑이라는 것은 떠나는 것, 사랑은 끝나는 것, 사랑은 결국 혼자 남겨지는 것'이라 믿고 버텨왔어. 그 모든 생각은 아무도 들어주지 않는 어둠 속에서 혼자 속삭이며 커졌어.

아무도 들어주지 않는 어둠 속에서 언제나 괜찮은 척

해도 너는 괜찮지 않다는 걸 이제는 나도 알아. 혼자 버텨온 모든 시간 속에서 아주 버겁고, 힘들었을 거야. 무너지지 않고 잘 버텨와줘서 정말 고맙다.

나는 너에게 그 상처를 안는 방법을 알려주고 싶어. 그 아픔을 지우려고 하는 게 아니야. 없었던 일로 만들려고 하는 것도 아니고, 고통은 그대로 둔 채, 그 위에 새로운 이해를 조심스럽게 쌓아가려고 해. 일본에 깨진 도자기에 금을 입혀 더 아름답게 만드는 '긴 쓰기'라는 전통 기법이 있어. 이 기법을 사용하면 깨진 도자기도 더 아름답게 재탄생할 수 있지. 네 슬픔도 금이 간 자리를 숨기는 것이 아니라, 그 자리에 이해라는 금을 입혀, 더 아름다운 이야기로 만들어가는 거야.

그때는 아무도 설명해 주지 않았지만, 이제는 내가 말해주고 싶어. 몸에 거부 반응이 오지 않도록 아주 조심스럽고, 천천히 놀라지 않도록 도와줄게. 20년 넘게 "사랑은 떠나는 것"이라고 믿으며 살아온 네게, 갑자기 "사랑은 영원한 것"이라고 말한다면, "또 거짓말이야.", "또 나를 속이려는 거야"라면서, 아마 네 마음을 받아

주지 않을 수 있어. 그건 네가 고집스럽거나 부정적이어서가 아니라, 네 마음이 오랫동안 자신을 지키기 위해 만들어 낸 보호막이 작동된 거야. 그 믿음들이 비록 고통스럽긴 했지만, 네게는 일종의 안전장치였거든.

"어차피 떠날 거라고 미리 생각해 두면, 실제로 떠날 때 덜 아프겠지."

"처음부터 기대하지 않으면, 실망도 덜 하겠지."

"사랑을 믿지 않으면, 배신당할 일도 없겠지."

이런 생각으로 스스로를 보호해 왔어. 마치 가시로 뒤덮인 고슴도치처럼, 상처받지 않기 위해 날카로운 방어막을 둘러쌓은 거야.

강요하지 않고, 재촉하지 않을 거야. 조급해하지 않아도 돼. 그저 따뜻하게 지켜보면서, 네가 한 걸음씩 나아갈 때마다 "잘하고 있어, 괜찮아"라고 응원해 줄게. 상처가 깊었던 만큼, 상처를 이해하고 새로운 의미를 부여하는 과정도, 시간도 충분히 필요한 법이니까. 중요한 건 이제 네가 혼자가 아니라는 거야. 이제는 내가 함께 있어. 내가 늘 옆에서 함께 기다려 줄게. 네가 준비될 때까지. 네가 편안하다고 느낄 때까지. 어른이 된 내가,

그때의 너에게 천천히, 조금씩, 네가 받아들일 수 있는 속도로 새로운 빛을 들여보낼 거야.

이해하기

어른들은 그때도 늘 바빴어. 생계를 위해 온 힘을 다해야 했지. 8살인 네가 어떻게 느꼈을지까지는 생각할 겨를이 없었을 거야. 당시 사회에는 "아이의 감정을 돌보라"는 인식도, "아이에게 설명해 주라"는 조언도 전혀 없었어. 그저 먹여 살리고, 따뜻한 집에서 재우고, 학교에 보내는 것만이 중요한 돌봄이라고 여겼으니까.

그날 아침, 엄마는 네 상황을 이해할 겨를이 없었단다.

"어머님, 지금 어머님의 한 마디가 이 아이의 정서를 결정할 수 있어요. 아이는 아직 세상을 이해할 준비가 안 되어 있어요. 모든 일을 자기 탓으로 생각할 거예요. 그러니 아무리 급해도, 힘들어도 아이가 이해할 수 있도록 설명해 주어야 해요."

아마 누군가가 이런 조언을 해주었다면 달라졌을까? 그 시절 그런 조언을 해줄 사람은 없었을뿐더러, 그런 관점 자체를 가지고 있는 사람도 드물던 시절이었어. 내가 생각하기엔 인사라도 한 번 하고 떠나 보내는 것이 엄마가 할 수 있는 최선의 방법이 아니었을까 싶어. "빨리 떠나야 해. 여기 있으면 나도 무너질 것 같아. 여덟 살 정도 됐으니 혼자서도 괜찮을 거야. 내가 살아야 아이도 살 수 있어."

 그렇게 급하게, 미숙하게 상황을 넘기며 무너지지 않으려 발악한 거지 악의가 있어서가 아니라, 다른 방법을 몰랐고, 그럴 여유조차 없었어.

 내가 엄마가 되어보니 알겠더라. 너를 지키기 위해 엄마는 어쩔 수 없이 그런 선택을 했어. 매일 밤 들려오는 아빠의 고함과 무언가 깨지는 소리, 그 뒤에 찾아오는 엄마의 울음소리를 혼자 견뎌야 했으니까. 아마 엄마도 매 순간 널 생각했을 거야. 떠나온 길을 되돌아가며, 네 얼굴이 떠올랐을 거야. 엄마가 다시 돌아온 이유는 단 하나였어. 엄마도 너를 사랑했기 때문이야.

엄마는 매일 밤 이런 생각을 하지 않았을까? '언제까지 이렇게 살아야 하지? 언제까지 이 아이들을 지켜낼 수 있을까?' 그리고 거울에 비친 자신의 모습을 보며 깜짝 놀랐을지도 몰라. 언제부터인가 눈가에 깊어진 주름, 웃지 못한 지 오래된 입술, 생기를 잃어버린 눈동자.

엄마도 누군가의 딸이었어. 한때는 꿈 많은 스무 살이었고, 사랑받고 싶어 했던 평범한 여자였지만 결혼과 함께 '엄마'라는 이름만 남게 되었고, 자신의 꿈들은 하나둘 접어야만 했어.

그날 아침, 엄마가 네게 그런 말을 건넨 이유를 이제 조금 이해가 되었을까? 도망치듯 떠나면서도 아무 말 하지 못했던 건, 말을 하면 눈물이 터져 도망조차 못 할 것 같았기 때문이야. 혹시 엄마가 진짜 하고 싶었던 말은 이런 게 아니었을까?

"송아야, 미안해. 너무너무 미안해. 널 이렇게 두고 가는 게 가슴이 찢어지지만, 엄마가 지금 너를 지켜줄 힘이 없어. 이 집에 있으면 나는 죽을 것 같고, 그럼 결국 너도 지킬 수 없게 될 거야. 잠시만, 정말 잠시만 떨어져 있을게. 엄마가 다시 힘을 내서 돌아올 거야. 그러니까 조금만 기다려 줘. 엄마는 너를 사랑해. 너무너무 사랑한다."

사랑은 언제나 완벽하지 않아. 서툴게 표현될 때도 있고, 때로는 상처를 남길 수도 있지만, 그 안엔 사랑의 진심은 분명 있어. 이제라도 알아주면 좋겠어. 사랑은 부족해도 돼. 어설프고 서툴러도, 그 안에 진심이 있었다면, 그걸 이해하는 것이 시작이야.

얼어붙은 마음에도 봄은 온다

상처 있는 인형을 꼭 안고 있는 어린아이를 본 적이 있니? 아무에게도 보여 주지 않으려고 하면서도, 그 인형이 낫기를 간절히 바라는 모습을 하고 있지. 혼자 껴안고만 있어서는 인형은 나아질 수 없어. 네 상처도 마찬가지야. 치유에는 누군가의 손길이 필요하고 햇빛과 바람 같은 따뜻한 돌봄이 필요해. 아무리 소중히 품어도 혼자서는 치유될 수 없어. 상처는 다른 사람의 이해와 공감, 위로와 사랑을 통해서 천천히 아물어 갈 수 있을 거야.

나는 네 마음 깊은 곳의 상처를 다독여주고 싶어. 그 상처가 아물지 않는 건 네가 그 상처를 홀로 껴안고 있기 때문이라고 생각해. 그동안 넌 상처를 붕대로 감싸듯 침묵으로 꽁꽁 묶어두려고 했지. "괜찮아, 이미 다 지난 일이야, 별일 아니야." 그런 말들로 상처를 덮어보려 했지만, 그건 진짜 치유가 아니었어. 그 말들은 단순한 은폐일 뿐, 상처는 그대로였고, 때론 더 깊어지기도 했지. 도울 사람 없이 혼자 상처를 끌어안고 있는 너는, 도움을 요청할 용기가 너무 두려웠던 거야.

찬바람 부는 겨울 들판은 어때? 땅은 돌처럼 단단히 얼어붙어 있고, 삽을 갖다 대도 꿈쩍하지 않을 만큼 굳어 있지. 겉으로 보기에 죽은 땅 같아 보이지만, 표면은 얼음 같아도 그 아래에는 봄을 기다리는 새싹들이 숨 쉬고 있다는 것을 농부들은 알고 있어. 씨앗은 절대 포기하지 않아. 혹독한 추위와 어둠 속에도, 아주 작은 생명력이지만 분명 꿈틀거리고 있어. 봄이 되면 땅을 뚫고 나올 준비를 하고 있지.

겨울이 길수록, 추위가 혹독할수록 씨앗들은 더 강해

져서 혹독한 겨울을 견딘 새싹들은 봄이 오면 더 활짝 피어날 수 있게 되는 거야. 네 마음도 그래. 아픈 기억들로 얼어붙어 있어도, 그 밑에는 여전히 따뜻한 사랑이 살아 숨 쉬고 있단다. 친구가 힘들어할 때 마음이 아팠던 적, 길가에 넘어져 있는 할아버지를 도와드리던 적, 그게 바로 네 안에 살아 있는 사랑의 씨앗들이야. 네가 꽃을 보고 미소 짓던 순간, 좋아하는 음악을 들으며 가슴이 따뜻해지던 순간, 아이들의 웃음소리를 들으며 덩달아 웃음을 지었던 순간들. 이 모든 순간이 네 안의 사랑의 능력이 살아 있다는 증거야.

상처가 아무리 깊어도, 네 안의 사랑을 완전히 없애지는 못했어. 단지 그 사랑이 움츠러들었을 뿐이야. 그 작은 사랑의 씨앗들은 언제나 봄을 기다리고 있지. 따스한 햇볕을, 누군가의 따뜻한 관심을 기다리고 있는 거야. 네가 "아, 내 안에도 사랑할 수 있는 마음이 남아 있구나!", "내 안에도 여전히 따뜻한 감정이 살아 있구나!"라고 인정하는 순간, 네게 봄이 찾아올 거야. 따뜻한 햇볕이 얼어붙은 마음을 녹이기 시작하고, 어느 날 문득 작은 새싹 하나가 땅 위로 고개를 내밀겠지.

그 새싹은 처음엔 너무 작고 연약해서 바람에도 흔들릴 거야. 하지만 네가 사랑으로 물을 주고 돌봐주면, 점점 자라나 어느새 아름다운 꽃을 피울 거야. 그 꽃은 네가 다른 사람을 사랑하는 능력이 될 거고, 너 자신을 사랑하는 능력이 될 거야. 그리고 그 꽃의 향기는 네 주변 모든 사람에게까지 전해질 거야.

이 모든 과정에는 시간이 필요해. 겨울이 하루아침에 봄으로 바뀌지 않는 것처럼, 네 상처도 금방 아물지 않겠지. 서두를 필요 없어. 중요한 건 포기하지 않는 거니까. 네 안의 새싹들을 믿어줘. 그리고 가끔은 그 상처를 혼자 끌어안고 있지 말고, 믿을 만한 누군가와 나눠봐. 그때 비로소 진짜 치유가 시작될 거야.

상처가 있었기에 네가 더 깊이 사랑할 수 있게 되었고, 아픔 덕분에 다른 사람의 고통도 더 잘 이해할 수 있게 되었다는 것을 언젠가 뒤돌아보면 네가 알게 되는 날이 오겠지. 상처가 영원히 사라지지 않을 수도 있지만, 더는 네 발목을 잡는 짐이 되지 않고, 오히려 너를 더 따뜻한 사람으로 만드는 데 도움을 주기를 바란다.

돌덩이를 내려놓을 때

용서라는 단어를 들으면 너는 어떤 감정이 떠오르니?

나는 왠지 저항감이 먼저 솟아오르는 것 같아. "왜 내가 용서해야 하지? 엄마가 한 잘못이 더 크잖아. 나는 피해자인데 왜 내가 노력해야 해?", "내가 용서하면, 그 사람이 한 일이 괜찮은 일이 되는 건 아닐까? 내가 받은 상처가 별것 아닌 일이 되어버리는 건 아닐까?" 이 모든 생각은 네 마음이 너를 지키려고 만든 보호막일 거야. 고통스럽지만, 너를 지키기 위한 안전장치인 셈이지.

용서는 결코, 상대방을 위해 하는 것이 아니야. 네 어깨에 얹힌 돌멩이를 내려놓게 해주는 것은 너의 선택이지만, 나는 네가 오래도록 얹힌 상처와 분노, 원망이라는 무거운 돌덩이를 내려놓았으면 좋겠어.

그 돌멩이가 무거워지면 앞으로 나아가는 것이, 새로운 사랑을 시작하는 것이 너무 힘들어질 거야. 한 번 생각해 볼래? 네가 용서하지 않고 있는 동안, 잘못한 사람들은 정말 괴로워하고 있을까? 솔직히 말해서, 아닐 가능성이 대부분이야. 엄마는 네 곁에서 바쁘게 하루를 보내고 있을 거고, 상처 준 사람들도 각자의 하루를 살고 있을 거야. 네가 생각만큼 괴로워하고 있을 가능성은 적지. 그런데 정작 고통받는 사람은 누구야? 바로 너야.

용서하지 않고 있으면 마치 매일 무거운 돌멩이를 등에 메고 사는 것처럼 그 상처가 계속 네게 붙어 있어. 돌멩이가 처음엔 작아도, 시간이 지나며 무거워져. 예전엔 5kg였지만, 원망과 분노가 더해져 10kg, 20kg, 때론 50kg이 되지. 그 무게 때문에 네 어깨는 항상 무겁고, 마음은 더 무거워졌을 거야. 이제 깨달아야 해. 돌멩이를 짊어진 채 당당할 수는 없다는 것을.

이런 상황이 이상하지 않아? 잘못한 사람은 자유롭고, 상처받은 사람만 무거운 짐을 짊어지고 다니니. 그러니까 이 돌멩이를 내려놓기 위해 용서가 필요한 거야.

용서는 '그 사람이 한 일을 괜찮다고 말하는 것'이 아니야. '그 일이 별것 아니었다고 인정하는 것'도 아니야.

용서는 단지 "나는 이 무거운 짐을 지고 다니지 않겠다." 라고 스스로 선택하는 거야. "나는 그 사람에게 내 에너지를 쓰지 않겠다. 그 일 때문에 내 현재와 미래를 망치도록 두지 않겠다."라는 결심이야. 그게 바로 용서지.

용서한다고 해서 그 사람과 다시 가까워져야 하는 건 아니야. 다시 신뢰할 필요도 없어. 그저 내려놓는 거야. 네 분노와 집착, 원망을 그냥 놓아버리는 거야. 그 순간 너는 진짜 자유로워질 거야. 네가 과거에 묶여 있지 않게 되고, 네 인생을 되찾게 될 거야.

물론 쉬운 건 아니야. 돌멩이를 오랫동안 짊어지고 다니다 보면, 그걸 내려놓을 때 어색할 수도 있어. "이 분노가 없으면 나는 누구지?", "이 상처가 없으면 내 정체성은 뭐지?" 하는 두려움이 찾아올 수도 있지만, 그 두려움을 넘어서면, 너는 진짜 자유를 만날 수 있어. 그때 비로소 진짜 사랑이 시작될 거야.

창밖을 봐. 저 나무도 계절마다 낡은 잎을 떨구고 다시 새잎을 틔우지. 우리도 마찬가지야. 낡은 상처를 하나씩 내려놓고 새로운 사랑을 받아들일 수 있어. 그 시작은 바로 너 자신을 이해하고 품어주는 거야.

오늘 밤, 잠들기 전에 거울 속의 너에게 이렇게 말해보는 건 어때?
"나는 오늘도 최선을 다했어. 고마워."

먼저 자신을 사랑하기

진짜 사랑은 너 자신에게서부터 시작되지만, 너는 늘 자신을 뒷전에 두고, 타인을 떠나지 않게 하려고 네 모든 걸 먼저 내어주었지. 네 시간, 네 마음, 때로는 네 꿈까지도. 전부 주지 않으면 혼자 남겨질까 봐 두려움에 휩싸였어.

그때 누군가 네게 이렇게 말해줬다면 어땠을까?

"송아야, 이건 네 잘못이 아니야. 엄마가 떠난 것도, 아빠가 화낸 것도, 모두 네 부족함 때문이 아니란다. 어른들에게도 어른들만의 아픔이 있고, 그것이 너를 향한 사랑이 부족하다는 뜻은 아니야."

그 말 한 마디가 네 마음에 심어졌다면, '나는 사랑받을 자격이 없는 사람이야' 대신 '나는 사랑받을 자격이 있는 사람이야'라는 씨앗이 자라지 않았을까?

당시엔 그런 설명을 들을 수 없었기에, 어린 너는 그 상황을 스스로 해석해야 했어. 결국 '내가 부족해서, 내가 사랑받을 가치가 없어서'라고 생각할 수밖에 없었을 거야.

카페에서 엄마 옆에 앉아 초콜릿 케이크를 먹고 있던 여섯 살 정도의 여자아이. 그때 너도 그 장면에서 잠시 멈춰서 바라봤지? 그 아이에게서 네가 오래전에 잃어버린 어떤 순수함을 발견했기 때문이었을까, 무언가 마음을 간지럽혔지.

그 아이는 케이크를 받자, 눈을 반짝이고는 작은 손으로 포크를 꼭 쥐고 케이크를 조심스레 입에 넣었지. 한 입 먹은 순간, 그 아이 얼굴에 온 세상의 행복이 모인 듯한 미소가 번졌어.

더 놀라운 순간은 그다음이었어. 아이는 자신만 맛있는 케이크를 먹고 있다는 사실을 혼자만의 기쁨으로 두기 아까워했어. 행복이 너무 커서, 그것을 누군가와 나누고 싶었지. 그래서 작은 손으로 케이크를 엄마에게 내밀며 말했어. "엄마도 먹어."

아이의 목소리에는 전혀 계산이나 조건이 없었어. "이걸 나누면 엄마가 나를 더 사랑해 주실까?", "엄마가 기뻐할까?" 그런 생각조차 없었지. 그저 너무 기쁘고 행복했기에 그 기쁨을 혼자 다 담을 수 없었던 거야. 그때 엄마도 행복했을 거야. 케이크를 받아 드시며 "우와, 정말 맛있다! 고마워, 우리 딸."이라고 하자, 아이는 세상에서 가장 자랑스러워하는 표정을 지었지.

그 아이는 억지로 나눈 게 아니었어. 자신이 정말 행복해서, 그 행복이 저절로 흘러넘친 거야. 그게 바로 건강한 나눔이야. 충만함에서 우러나오는 나눔. 부족해서 채우려는 게 아니라, 이미 충만해서 자연스럽게 흘러나오는 사랑.

"어떻게 하면 나도 그 아이처럼 충만해질 수 있을까?"

네가 먼저 너 자신을 채우면 돼. 네가 충분히 행복하고, 만족스럽고, 사랑받고 있다고 느낀다면, 그때서야 진짜 나눔이 가능해져.

그 아이가 사랑을 나눌 수 있었던 이유는 뭘까? 엄마의 무릎 위에서 충분히 사랑받고 있다는 것을 느끼고 있었기 때문이야. 너도 그런 상태가 될 수 있어. 너 자신을 한없이 사랑해 주고, 네가 좋아하는 것을 스스로에게도 선물해 줘. 네 무릎 위에 너 자신을 안고, 네가 좋아하는 것들로 자신에게 '케이크'를 만들어 주는 거야.

예를 들어, 오늘 아침 좋아하는 차 한 잔을 정성껏 우리고, 그 향과 맛을 음미해 봐. "이 순간이 좋아"라고 자신에게 속삭여 봐. 좋아하는 음악을 들으며 온전히 그 시간을 즐기고 하루를 마치며 "오늘 하루도 고생 많았어, 넌 정말 소중한 사람이야"라고 거울 속 자신에게 말해보는 것도 좋아.

사랑은 거창한 게 아니야. 스스로 작은 사랑의 관심을 주는 것부터 시작해 봐. 스스로 따뜻한 말을 걸고, 그 관심들이 모여 쌓이면 진짜 사랑이 될 거야. 너를 사랑하는 법을 배워야, 다른 사람도 진심으로 사랑할 수 있게 돼.

오늘 하루, 네가 좋아하는 차 한 잔, 네가 좋아하는 음식, 네가 좋아하는 노래, 네가 좋아하는 것을 하며 "나는 지금 이 순간이 행복해"라고 말해보는 건 어떨까?

가족의 무게를 내려놓기

가족은 선택할 수 없는 관계야. 태어날 때부터 주어진 이 연결은 그만큼 더 복잡하고 어려워. 네 어깨에는 '가족이니까 무조건 사랑해야 한다'는 의무감이 있고, 그 위에 '가족이니까 모든 걸 용서해야 한다'는 강요가 얹혀 있었어. 그 위에는 '가족이면 서로를 다 이해해야 한다'는 기대가 있었고, 맨 위에는 '왜 이렇게 힘든 거지?'라는 죄책감이 자리했지. 이 모든 무게가 네 어깨를 짓눌러왔어.

"'엄마니까 이해해야지', '엄마도 힘들었으니까 용서해야지', '가족인데 왜 원망스러운 거지? 내가 나쁜 딸인가?'" 과연 이런 기대가 진짜 사랑일까? 그렇지 않아. 무거운 갑옷을 입은 채 움직이는 건 자유롭지 못하듯, 그런 기대들은 진짜 감정의 흐름을 막아왔어. 엄마도 마찬가지였어. '엄마라면 이래야 한다.'는 기대 때문에, 엄마는 자신의 진짜 마음(미안함, 아픔, 후회)을 솔직하게 표현하지 못했을 거야. 이제는 그 무거운 짐들을 하나씩 내려놓을 시간이야.

'가족이니까 무조건 사랑해야 한다'는 의무감을 내려놓아 보자. 대신 '가족이라도 힘들 수 있고, 그런 내 감정은 자연스러운 거야'라고 생각해 보는 거야. '가족이니까 모두 용서해야 한다'는 강요도 내려놓자. 용서는 강요받는 게 아니야. 네가 준비됐을 때, 네 속도대로 하는 거란다. '가족이면 서로를 다 이해해야 한다'는 기대도 내려놓자. 완벽히 이해하지 못해도 괜찮아. 이해하려 노력할 수는 있지만, 완벽히 이해하지 못해도 되는 거야.

 이런 무거운 짐들을 하나씩 내려놓고 나면, 비로소 공간이 생길 거야. 그 공간에서 우리는 '가족이라는 이름의 따뜻한 연결고리'를 만들어 갈 수 있어. 이 연결고리는 단순한 혈연이 아니야. 선택과 약속으로 이루어지는 유대지. '가족이니까 어쩔 수 없이 함께 있다'가 아니라, '서로를 선택해 계속 함께 있자'는 마음으로 관계를 만들어 가는 거야.

 그런 관계에서는 정직함이 가능해져. "엄마, 그때 정말 힘들었어요"라고 말할 수 있고, 엄마도 "나도 정말 미안했단다"라고 솔직해질 수 있어. 서로의 상처를 인정하면서도, 그래도 함께 있고 싶다는 마음을 확인할 수 있게 되지. 이러한 변화는 천천히 일어나야 해. 오랜 시간 쌓인 패턴은 하루아침에 바뀌지 않으니까. 서두르지 말고, 한 걸음씩 나아가자.

 먼저 안전한 대화부터 시작해 보는 건 어때! 날씨 이야기나 일상적인 이야기처럼 부담 없는 주제로 말을 걸어보는 거야. 그다음에 조금 더 깊은 주제로 이어가면 돼. 예를 들어, "요즘 어떻게 지내세요?" 같은 안부를 물어보거나, 사소한 일상을 공유해보는 것도 좋은 방법이야. 엄마도 상처를 가진 사람이니까, 네가 다가오면 방어적으로 나올 수 있어. 그럴 때는 엄마가 방어막을 걷어낼 수 있도록 인내심을 보여줘.

네가 할 때까지 기다려 주고, 진심으로 다가가면 돼. 남들의 시선이나 의무감 때문이 아니라, 순수하게 엄마와 진짜로 연결되고 싶다는 마음으로 다가가서 말해줘. 어쩌면 이전과 똑같은 관계가 되지는 않을 수도 있지만, 그게 중요한 것은 아니야. 완벽한 관계로 돌아갈 필요는 없어. 서로를 이해하려 노력하면서도 너 자신을 잃지 않고, 조금씩 새로운 관계를 만들어 가면 돼.

그 과정에서 때로는 실망할 수도 있어. 엄마가 한 번에 변하지 않을 수도 있고, 여전히 이해하기 힘든 모습을 보일 수도 있어. 그래도 괜찮아. 중요한 건 너 자신을 잃지 않는 거야. 엄마를 위해 네 감정을 억누르거나 희생해서까지 가까워질 필요는 없어. 건강한 경계 안에서, '나는 엄마를 사랑하지만, 모든 걸 받아들일 필요는 없어.', '나는 엄마를 이해하려고 노력하지만, 이해하지 못해도 괜찮아' 같은 생각을 가져보자. 그렇게 조금씩 관계를 재구성해 나가면, 예전과는 다른, 가볍고 따뜻한 연결고리가 생길 거야.

완벽한 가족이 아니여도 돼. 그냥 서로 있는 그대로의 모습으로 있어봐. 서로의 부족함을 인정하고, 서로의 상처도 이해하고, 그럼에도 불구하고 함께 있기로 선택하는 가족 말이야. 진짜 가족의 의미를 다시 찾아가길 바랄게.

일상 속 감사의 발견

사랑은 항상 거대하고 드라마틱한 것만은 아니야. 오히려 진실한 사랑은 일상 속 작은 순간들에 숨어 있을 때가 많아.

지금까지 당연하게 여겼던 것들을 되돌아볼래? 아침에 눈을 떴을 때 건강하게 하루를 시작할 수 있다는 것, 따뜻한 물로 샤워할 수 있다는 것, 맛있는 음식을 먹을 수 있다는 것, 좋아하는 사람과 이야기를 나눌 수 있다는 것….

바쁘게 살다 보면 이런 작은 사랑들을 놓치게 되고, 더 크고 더 특별한 것을 찾느라 정작 눈앞에 있는 소중한 것들을 보지 못하게 되는 거야.

넌 지하철을 타면 핸드폰만 보고 있지? 하지만 만약 고개를 들었다면, 창밖으로 보이는 노을을 볼 수 있었을 거야. 아니면 맞은편에 앉은 할머니의 따뜻한 미소를 볼 수 있었을지도 몰라.

그런 순간들이 모두 작은 사랑이야. 우리가 알아주기를 기다리는 작은 선물들.

그 작은 순간들조차 모두 감사할 일이지. 감사하는 눈으로 세상을 바라보기 시작하면, 삶이 달리 보이기 시작해. 부족한 것들 대신 이미 가진 것들이 눈에 들어오고, 없는 것에 아쉬워하기보다 가진 것에 고마움으로 마음이 채워질 거야.

그 고마운 마음이 너를 더 사랑스러운 사람으로 만들어 줄 거야. 감사할 줄 아는 사람 곁에는 자연스럽게 사람들이 모이게 되거든. 왜냐하면 그런 사람과 함께 있으면 자신도 감사받는다는 느낌을 받기 때문이야.

네가 해준 작은 호의에 상대가 진심으로 고마워하면, 그 사람은 '함께 있으면 따뜻하구나'라는 느낌을 받을 거고, 네가 작은 일에도 감사함을 표현할 줄 아는 사람이면, 그 사람은 너와 함께 있으면 자연스럽게 기분이 좋아질 거야.

작은 사랑들이 모이면 큰 행복이 되고, 그런 작은 행복들을 아는 사람이 되면, 삶 자체가 사랑으로 가득 찬 것처럼 느껴질 거야.

가장 가까운 곳에서 가장 소중한 것들이 있어. 멀리 가지 않아도, 많은 돈을 쓰지 않아도, 특별한 누군가를 만나지 않아도 행복할 수 있다는 걸 알았으면 좋겠다. 충분히 사랑받고 있다는 것을, 네가 이미 충분히 행복할 조건을 가지고 있음을 깨닫게 되는 순간이 오게 될 거야.

오늘부터는 하루에 하나씩이라도 좋으니 작은 사랑들을 의식적으로 찾아 봐. 그리고 그 순간에는 완전히 집중해 보는 거야. 스마트폰도 내려놓고, 다른 생각도 잠시 멈추고, 오롯이 그 순간을 느껴보는 거지.

자신이 한 작은 호의가 진심으로 받아들여지고 감사받는다는 느낌을 받아볼 수 있도록.

새로운 사랑을 시작하는 용기

사랑은 언제나 모험과 같아. 때로는 설레고, 때로는 아프기도 하지.

이번에는 너 자신을 사랑할 줄 알게 되었으니까 다를 거라고 생각해. 네가 상대방의 사랑으로 채워지는 대신 이미 네 안에 충분한 사랑이 가득 차 있음을 알게 되었지.

예전의 너는 사랑할 때 항상 조급했어. 상대방이 나를 사랑하는지 확인하려고 애썼고, 조금이라도 관심이 줄어드는 것 같으면 불안해했지. 마치 사랑은 언제든 사라져 버릴 수 있는 것 같아서, 꽉 붙잡고 있으려고 했어. 이번에는 조급해하지 않아도 돼. 상대방이 나를 사랑하는지 확인하려고 애쓰지 않아도 돼.

네가 이미 충분히 사랑받을 자격이 있는 사람이라고 믿는다면, 상대방도 자연스럽게 너를 사랑하게 될 거야. 진짜 사랑은 나를 변화시키려고 하지 않아. 나를 더 나답게 만들어 주고, 내 안에 잠들어 있던 좋은 모습들을 일깨워 줘. 그런 사람을 만나면, 사랑은 자연스럽게 시작될 거야.

마치 정원사가 꽃을 키우는 방식과 같아. 좋은 정원사는 장미를 해바라기로 바꾸려고 하지 않아. 대신 그 장미가 가장 아름다운 장미가 될 수 있도록 적절한 물과 햇빛을 주고, 좋은 환경을 만들어 주지.

네 안에도 이미 아름다운 씨앗들이 있어. 따뜻한 공감 능력, 깊이 있는 사고력, 섬세한 감수성, 진실한 마음. 이런 것들이 네 안에 잠들어 있는 보석들이야.

진짜 사랑을 하는 사람은 이런 보석들을 알아봐. 그리고 그 보석들이 더 밝게 빛날 수 있도록 도와 줘. "너의 그런 깊이 있는 생각이 정말 좋아", "너의 섬세함 때문에 내가 더 따뜻해져", "너와 있으면 내가 더 진실한 사람이 되는 것 같아".

이런 말들을 들으면 어떤 기분이 들까? 마치 내 안의

꽃들이 하나씩 피어나는 것 같지 않을까? 억지로 피우려고 애쓰지 않아도, 자연스럽게 피어나는 거야.

그런 사람을 만나면, 사랑은 정말 자연스럽게 시작돼. 억지로 사랑하려고 노력하지 않아도, 그냥 함께 있는 것만으로도 행복해지는 거야. 가장 좋은 내가 될 수 있지.

미래를 위한 사랑의 준비

미래에 올 사랑들을 생각하면 어떤 기분이야? 기대되니? 아니면 여전히 두려워?

사랑은 지금의 네가 준비하는 만큼 아름다워질 거야. 지금 네가 너를 얼마나 사랑하고 있는지, 지금 네가 얼마나 성장했는지, 지금 네가 얼마나 건강한 관계를 만들 준비가 되어 있는지에 따라서.

대신 지금 이 시간을 너 자신을 더 사랑하는 데 써 봐. 네 취미를 발전시키고, 네 꿈을 키우고, 네 인간관계를 더 풍성하게 만들어 가는 거야.

그렇게 준비된 네가 만날 미래의 사랑은 분명히 다를 거야. 부족함을 채우려는 사랑이 아니라, 풍요로움을 나누려는 사랑이 될 거야. 의존적인 관계가 아니라, 서로를 성장시켜 주는 관계가 될 거야.

"아, 그동안의 기다림이 헛되지 않았구나. 이 사람을 만나기 위해 내가 준비되어야 했구나"라고.

사랑에도 계절이 있다

사랑에도 계절이 있다는 걸 알고 있니? 사랑은 항상 봄날만 같을 수 없으니까. 뜨거운 여름을 지나고, 차분한 가을이 왔다가, 어딘가 쓸쓸한 겨울이 찾아오듯 말이야.

우리는 어릴 때 동화를 보며 주인공들이 '영원히 행복하게 살았습니다'라는 결말을 배웠어. 신데렐라도, 백설공주도, 잠자는 숲속의 미녀도 모두 왕자님과 결혼해서 영원한 행복을 누렸대. 하지만 그 이후의 이야기는 아무도 말해주지 않았지. 신데렐라는 왕자와 결혼한 후에도 매일매일 행복했을까? 늦게 들어오는 왕자에게 화를 내진 않았을까? 궁전 생활이 익숙해지느라 스트레스 받진 않았을까? 영화와 드라마도 마찬가지야. 주인공들이 서로 바라보며 미소 짓는 장면까지만 보여 주고, 그다음 날의 평범한 모습은 보여 주지 않아. 침대 위에서 엉망진창이 된 머리 모양이나, 잠에서 덜 깬 채 출근 준비하는 모습은 말이지. 그런 이미지들이 네 머릿속에 '진짜 사랑은 항상 완벽해야 한다'는 기준을 만들었을 거야.

처음엔 작은 것에도 설렜지. 하지만 시간이 흐르면서 서로 익숙해지는 순간이 왔어. 핸드폰 답장이 늦어지면 "아, 그냥 바쁜가 보다" 하고 넘어 갔고, 데이트 중에도 서로에게서 '짐'이 되는 순간이 생겼어. 예를 들어, 핸드폰 알림이 없으면 "날 떠나려는 건 아닐까?" 하고 불안해지기도 했어. 하지만 사랑은 완벽하지 않아. 갈등도, 지루함, 실망도 사랑의 자연스러운 한 부분이야. 갈등이 생겼을 때 "이 사랑은 끝났어"라고 생각하기보다는, "우리가 서로를 더 잘 이해할 기회가 생겼구나"라고 생각해 봐. 지루해질 때 "이젠 사랑이 식었나 봐"라고 단정 짓기보다는, "이제 더 깊은 단계로 나아갈 시간이구나"라고 여겨 봐.

완벽한 사랑을 찾으려 하지 말고, 불완전한 사랑을 함께 완성해 가는 거야. 이제는 달라질 수 있어. 사랑이 항상 봄이어야 한다는 환상은 내려놓자. 여름 같은 열정도, 가을 같은 안정도, 겨울 같은 시험도 다 사랑의 일부니까.

그 모든 계절을 함께 지나갈 수 있다면, 네 사랑은 더 깊고 아름답게 피어날 거야. 시간이 흘러도, 네가 과거의 상처에 묶여 있지 않을 때, 진짜 사랑이 시작될 거야. 두 사람은 각자의 계절을 함께 지나고, 이전보다 더 단단해져 있을 거야. 완벽하지 않아도 괜찮아. 서로의 다름을 인정하고, 함께 성장해 가는 것이 진짜 사랑이고, 그게 가장 아름다운 사랑이야.

사랑을 살아가는 당신에게

사랑하는 송아야,
이 편지들이 너의 마음에 작은 씨앗 하나라도 심어줄

수 있기를 바라. 사랑한다는 것이 얼마나 용기 있는 일인지, 그리고 그 사랑의 시작이 바로 나 자신을 사랑하는 것임을 알아줬으면 좋겠어.

우리는 모두 사랑받기 위해 태어났어. 그 누구도 예외는 없어. 우리가 모두 사랑받을 자격이 있는 소중한 사람들이야.
그리고 당신의 사랑이 당신 자신으로부터 시작되어, 세상 모든 곳으로 퍼져나기를 바라며,
사랑을 전하는 마음으로
어른의 송아가.

선물 같은 오늘, 나답게

 인생은 언제나 예측할 수 없는 방향으로 흘러간다. 우리가 바라는 시간과 방식대로 일이 풀리는 날은 드물다. 아니, 어쩌면 그런 날은 단 한 번도 오지 않을지도 모른다. 그런데도 우리는 그 불완전함 속에서 웃고, 어긋남 속에서 사랑하며, 부딪힘 속에서도 살아간다. 그 모순과 진폭 속에서 우리는 조금씩 삶의 의미를 배워간다.

 우리의 인생도 그렇다. 누구도 완벽하지 않고, 누구도 언제나 괜찮을 수는 없다. 실수하고 넘어지는 날들이 반복되지만, 중요한 건 다시 일어서려는 마음이다. 고통은 단지 아픈 경험이 아니라, 그 아픔을 대하는 우리의 태도에 따라 삶을 더욱 깊고 넓게 만든다. 때론 고통이 우리를 깎아내리는 듯 보이지만, 실은 내면을 단단하게 다듬어 주는 조각칼 같은 존재다. 넘어질 때마다 배운 인내, 상처 속에서 피어난 공감, 그리고 다시 일어설 수 있는 용기. 그런 순간들이 우리를 더욱 유연하고 강한 사람으로 성장시킨다. 한 번 넘어졌다고 실패한 인생이 아니며, 다시 일어섰다는 그 사실만으로도 우리는 앞으로 나아가고 있다. 그렇게 넘어지고 일어서기를 반복하며, 그 반복 속에서, 진짜 단단한 나로 살아가는 법을 익혀간다.

욕구란, 어떤 것을 가지거나 경험하고자 하는 인간 내면의 심리적·생리적 바람 또는 필요이다. 간단하게, 배고프면 밥을 먹고 싶은 것은 생리적 욕구, 사랑받고 싶고, 인정받고 싶을 때는 심리적 욕구이다. 욕구는 우리 행동의 원동력이다. 어떤 욕구가 충족되지 않으면, 그걸 충족시키기 위해 우리는 무언가를 하게 된다. 예를 들어, 배고프면 냉장고를 열어 뭐가 있는지 확인하게 되고, 외로우면 친구에게 연락하게 된다. 욕구는 단순히 "하고 싶다"는 감정을 넘어서, 우리가 누구인지, 왜 그렇게 사는지에 대한 중요한 열쇠이기도 하다.

어린 시절부터 나는 욕구가 강한 아이였다. 부모님의

사랑이 부족했던 것 때문이었을까, 특히 먹는 것을 무척 좋아했다. 뷔페에 가면 다섯 접시는 기본으로 비웠다. 나의 체구는 작은 편이었지만, 나보다 두세 배 더 커 보이던 친구가 나를 보고 "도대체 먹은 게 어디로 가냐" 하며 놀랄 정도로 많이 먹었으며 식탐 또한 많았다.

나는 친구들 무리에 끼어 있고 싶어 늘 안간힘을 썼다. 그들 사이에서 존재감을 확인받고 싶었고, 어떻게든 인정받고 싶어 안절부절못하며, 관심을 받기 위해 과한 행동을 하기도 했지만, 그 과한 행동은 나에게 상처로 돌아왔다. 어렸던 나는 무엇이 잘못된 건지 알지 못한 채, 그대로 나의 청소년기를 지나왔다.

돌이켜보면, 내게는 나의 기준도, 확신도 없던 시절이었다. 무엇이 옳은지 정확히 판단하지 못했고, 그저 인정받고 싶은 마음만 가득했다. 잘못됨의 이유를 알려고 하지 않은 채. 시간이 흐르고, 아이를 낳고, 더 많은 사람과 관계를 맺으면서 나는 조금씩 내 안의 문제를 마주하기 시작했다. 내 안에는 강렬한 '인정욕구'가 단단하게 자리 잡고 있었다.

그런 내게 다시 일할 기회가 찾아왔고, 누구보다 열심히 했다. 시키지 않은 일도 찾아가며, 퇴근하라는 말에도 야근을 자처하며 일을 했다.

그런데 일이 이상하게 꼬였다. 어색한 사회생활 때문이었을까, 아니면 여전히 과했던 나의 태도 때문이었을까. 웃고 또 웃으며, "할 수 있다"라고 자신 있게 말을 했지만, 결과는 늘 기대에 미치지 못하였다. 매번 혼났다. 행동이 과하다는 지적도 들었으며, 상사는 나를 "관심 병자"라며 말을 꺼내기 일쑤였다.

나는 혼란스러웠다. 열심히 하겠다는 게, 왜 문제가 되는 것일까? 그 순간부터 나는 나 자신을 공부하기 시작했다. 강의를 듣고, 책을 읽어 가며, 내 마음을 들여다보았다. 나를 보았더니 내가 보이기 시작했다. 나는 인정받고 싶었다. 귀염받고 싶었고, 칭찬 한마디에 살아 숨 쉬듯, 인정 욕구에 사로잡혀 있었다.

나는 빠른 사람이 아니었다. 꼼꼼히, 천천히 해야 실수가 없었다. 흥분하지 않고, 침착하게. 상사는 그 점을 보고 있었다. 나는 방향을 바꿨다. 더 이상 무리하지 않았다. 빨리하는 것보다 정확하게. 억지웃음을 그만두고, 그 에너지를 일에 쏟았다.

놀랍게도 변하기 시작했다. 매번 실수하던 일들이 매끄럽게 이어졌고, 일의 효율도 높아졌다. 인정받고 싶지 않으니, 오히려 인정받기 시작했다. 일부러 웃지 않아도, 웃을 일이 생겼고, 주위의 비웃음들이 사라졌다. 나는 조금씩 내가 변하고, 성장하는 내 모습이 뿌듯했다.

무작정 열심히만 한다고 해서 모든 게 풀리는 건 아니다. 중요한 건 내가 나를 잃지 않고, 나만의 걸음으로 걷는 것이다. 남에게 보이기 위한 삶이 아닌, 나를 사랑하고, 나를 존중하며 살아가는 삶. 넘어지고 일어서는 시간 속에서, 조금 느려도 나답게 걷는 그 길이야말로 내가 바라는 진짜 성장이고 내가 원하는 삶이다. 누구의 시선도 아닌, 내 마음이 손뼉 치는 삶. 그게 내가 꿈꾸는 인생이다.

남이 정해놓은 틀에 나를 억지로 끼워 맞추어 따라가려고 애쓰는 것보다는, 나만의 리듬과 속도로 걸어가는 것이 나다운 것이다. 넘실거리는 파도 같기도 하고, 잔잔한 호수 같기도 한 마음의 결을 따라가는 삶. 나는 나를 사랑하는 법을 배우며, 내가 꿈꾸는 삶을 조심스럽게 그려 나가려 한다. 그 길이 아무리 험하고 멀더라도, 끝에 서 있는 나는 분명 '나다운 나'일 것이다.

삶이란 무엇일까. 철학자들도 수천 년간 고민해 온 이

질문에 정답을 낼 수는 없지만, 내게 삶은 단순한 생존을 넘어서 '어떻게 살아가느냐'에 대한 이야기다. 숨 쉬고 있다는 것만으로도 생명은 존재하지만, '왜 사는가?'라는 질문이 시작되는 순간, 그 삶은 비로소 이야기와 서사를 갖는다. 의미를 찾는 여정 속에서 삶은 점점 나다운 색을 입혀간다.

삶은, 절대 쉽지 않다. 때로는 모든 것을 놓고 싶고, 아무것도 아닌 채로 사라지고 싶은 순간들이 찾아온다. 그렇다면, 매일 기쁨으로 가득한 삶이 과연 진정한 행복일까? 끊임없는 즐거움은 결국 무뎌지기 마련이다. 우리는 고통을 통해 단단해지며, 상처를 통해 깊이를 얻는다. 철학자 쇼펜하우어는 말했다. "고통은 인생의 본질이며, 그것을 통해 우리는 성숙해진다." 감동적인 드라마가 우리를 울리는 이유는 완벽한 주인공 때문이 아니라, 수많은 시련과 고통을 견디며 성장하는 '과정"이 있기 때문이다. 결국, 고통은 우리를 무너뜨리기 위한 것이 아니라, 더 깊이 있는 인간으로 나아가기 위한 통로이다.

그럼 내가 중요하게 여기는 가치는 무엇일까?

가치라는 말은 많이 쓰이지만, 막상 그게 정확히 무엇이냐고 물어보면 좀 막연하다. 가치는 우리 삶을 움직이는 데 있어서 아주 핵심적인 개념이며, 우리에게 중요하고 의미 있는 것이다. 그게 물건일 수도 있고, 사람이거나 신념일 수도 있다. 예를 들어. 어떤 사람은 자유를 가장 큰 가치로 여겨서 자율적인 환경을 중요하게 생각한다. 또 어떠한 사람은 안정을 소중하게 여겨서 위험보다 예측 가능한 삶을 선택하려고 한다. 누군가는 정의, 사랑, 창의성, 성장 즐거움 같은 것들을 삶의 중점에 두고 살아간다. 사람마다 사는 이유는 다 다르다. 누군가는 사랑 때문에, 누군가는 책임감 때문에 산다. 그리고 그 모든 이유는 무엇이 되었든 충분히 가치가 있다.

그럼, 나의 가치는 어디를 향해 있는 것일까? 내가 어떠한 선택을 하느냐, 어떤 일에 감동을 하느냐, 어디서 상처받느냐는 모두 가치와 관련돼 있다. 결국 가치는 내가 어떤 삶을 살고 싶은가에 대한 내 마음의 나침반이다.

나는 나의 선택을 하나씩 돌아보기로 했다. 나의 기

쁨은 어디서 오는 것일까. 아직도 정확히 이유를 잘 모르기에 살아보는 중이다. 그저 거창한 이유 없이, 단지 살아 있는 것 자체가 이유가 아닐까 생각이 든다. 아침 햇살이 기분이 좋아서, 좋아하는 음식을 먹기 위해서, 내가 사랑하는 사람과 같은 시간을 보내기 위해서, 아직 하고 싶은 것이 많아서, 내 안에 있는 나를 알고 싶으므로 살아간다. 가끔은 단지 살아 있는 것 자체가 이유일 수 있다는 생각이 든다. 그리고 그것은 정말 대단한 일이다.

나다운 삶은 겉으로 쉽게 보이지 않는다. 가장 치열한 싸움은 타인과의 경쟁이 아니라 나 자신과 싸움이기 때문이다. 나다운 삶은 사람들의 박수보다 내 마음의 평화를 택하는 것이고, 결과보다 과정을, 속도보다 방향을 중요시하는 삶이다. 남과 비교하지 않고 어제의 나와 마주 앉아 대화하며, 느리고 더뎌 보일지라도 내가 걸어가는 길이 가장 정직하다는 믿음을 갖는 것. 그 길의 끝에서 나는 진짜 나로 살아갈 수 있을 것이다.

남의 시선을 의식하기보다는 내 마음이 이끄는 길을

따르는 삶. 크고 화려한 것이 아닌 작고 소박한 것들에서 행복을 발견하는 삶. 누군가에게 사랑받기 위해 애쓰기보다는, 나를 사랑하기 위해 애쓰는 삶. "그 모습 그대로 괜찮아"라고 말해줄 수 있는 삶. 햇살이 창을 두드릴 때, 오늘이 또 하나의 기회처럼 느껴지는 그런 삶.

이제 나는 막연히 '언제쯤 좋은 일이 생길까'를 기다리지 않는다. 내가 좋은 하루를 스스로 만들어 가고 싶다. 눈부신 성공이나 거대한 변화가 아닌, 하루하루의 소소한 순간들 속에서 기적을 발견하고 싶다.

창가를 두드리는 빗소리는 마음속 깊은 이야기를 끌어낸다. 낙엽처럼 흩어진 생각들이 다시 하나로 모이고, 나는 천천히 나 자신과 마주한다. 그리고 그 안에서 고요히 깨닫는다.

"이 하루는 다시 오지 않는, 오늘이라는 선물이다."

따뜻한 차 한 잔의 온기, 골목길에서 마주친 고양이의 눈빛, 친구의 안부 문자. 그 작은 것들이 내 하루를 꿈꾸게 한다. 매일 꿈꾸는 삶은 지금 이 순간에도 소중한 것이 있다는 걸 아는 삶이다. 꿈은 저 멀리에 있는 것이 아니라, 손끝에 닿는 사소한 순간 속에 있다는 걸 깨닫는 것이다. 나는 오늘도 마음속에 작은 꿈 하나를 품으며 하루를 보내려 한다.

그러나 세상은 공평하지 않다. 누군가는 평탄한 길을 걷고, 누군가는 매일 버텨야 한다. 그 불공평함 속에서도 내가 나답게 살아가는 순간이 있다면, 그것은 나에게 주어진 소중한 공평일지도 모른다. 빗소리처럼 조용한 위로, 짧은 대화 속의 따뜻한 공감, 그리고 나 자신에게 건네는 다정한 말 한마디. 찬란하지 않아도 흐리고 무거운 날들 속에서 나로 존재하는 그 순간들이야말로, 내가 살아가는 이유가 된다.

나는 오늘도 나를 안아 주며 말해 준다. 완벽하지 않아도 괜찮다고, 지금도 충분히 잘하고 있다고, 넘어졌다면 잠시 쉬어가도 된다고. 그렇게 매일 나 자신에게 다정해지려 애쓴다.

결국, 내 삶을 지켜주는 것은 남의 평가가 아니라, 나 자신을 얼마나 이해하고 믿어주는가이기 때문이다. 그 믿음은 어둠 속에서 작은 빛이 되어 나를 이끌고, 오늘도 그 빛을 따라, 나만의 속도와 방식으로 천천히 걸어간다.

비가 오고, 어둠이 내려앉는 날도. 그 빗속에서 나는 다시 나를 찾고, 어둠 속에서 내 꿈은 더욱 선명해진다. 넘어지고, 쓰러지고, 다시 일어나는 모든 과정이 나를 더욱 단단하게 만들어 준다.

꿈은 하늘을 밝히는 거대한 별이 아니라, 밤하늘에 조용히 반짝이는 작은 별 무리와 같다. 멀리서 보면 작아 보이겠지만, 내 안에서는 세상을 밝혀주는 소중한 등불이 된다. 내일을 기다리며 하루를 견디는 삶이 아니라, 오늘을 사랑하며 내일을 꿈꾸는 삶. 바람이 머리를 스치고, 햇살이 손을 어루만질 때, 내 안의 꿈들이 하나씩 깨어난다.

그게 바로 내가 원하는 삶이다. 조금 부족하고 흔들리더라도, 내가 나로 살아가는 삶. 그것이야말로 세상에서 가장 용감하고도 아름다운 삶 아닐까.

어른이라 불리는 나이에 쓰는
솔직한 고백

거울 앞에 선 나

거울 앞에 서면 나는 내가 어색했다. 그 속에 비친 얼굴이 내가 생각하는 나와 같은 사람인지 확신할 수 없어서다. 사람들이 말하는 "밝고 긍정적인" 그 얼굴 뒤에, 나만이 아는 복잡하고 모순된 내면이 꿈틀거리고 있다는 것을 느끼고 있다.

웃고 있으면서도 생각이 많고, 사람을 좋아하면서도 깊이 들어가기를 두려워한다. 새로운 것에 설레면서도 끝까지 해내지 못하는 자신을 원망한다. 이런 모순들이 나를 괴롭히기도 했지만, 이 모든 것이 바로 '나'라는 존재의 진실이라는 것을 어느 순간부터는 깨닫기 시작했다.

이 글은 그 진실에 대한 기록서로서, 완벽하지 않은 나, 일관되지 않은 나, 그런데도 살아가려는 나에 대한 솔직한 고백이다.

넌 참 밝아 보여

나는 밝다는 말을 많이 듣는다. 들을 때마다 왠지 묘한 기분이 든다. 기쁘면서도 서글픈 느낌. 사람들이 보는 나의 모습이 틀린 것은 아니지만, 그것이 전부도 아니기 때문이다.

나는 잘 웃는 편이다. 사소한 일에도 크게 웃고, 누군가의 농담에 배꼽을 잡고 웃는 일도 많다. 새로운 것을 보면 아이처럼 설레고, 감동적인 이야기를 들으면 자신에게 '진심인가?' 물어볼 때가 있다.

나의 웃음 뒤에는 생각이 많은 내가 서 있다. 밤이 되면 온종일 했던 말들을 되새기고, "그때 저렇게 말했어야 했는데" 하며 후회한다. 누군가와 대화를 나눌 때는 겉으로는 밝게 웃으면서, 마음속으로는 '이 사람이 진짜로 나를 좋아할까?' '내가 너무 시끄럽게 웃고 있는 건 아닐까?' 하는 생각들이 꼬리에 꼬리를 문다.

어떤 날은 밝음의 무게가 너무 무겁게 느껴진다. 사람들이 기대하는 '밝은 나'를 연기해야 한다는 부담감 때문에 우울한 기분일 때도 웃어야 하고, 피곤할 때도 에너지 넘치는 모습을 보여야 한다고 생각했다. 그렇게 몇 년을 살다 보니, 진짜 내 감정이 무엇인지 헷갈릴 때가 종종 있었다. 우리는 각자의 환경에서 각자의 가면을 쓰고 살아가고 있다.

어쩌면, 그때의 밝음도 나고, 그 뒤에 숨은 복잡함도 내가 아닐까? 사람들이 보는 나의 밝음은 내가 가지고 있는 힘든 감정들을 모두 품고도 여전히 내가 웃을 수 있기 때문이다.

때로는 슬프고, 때로는 불안하고, 때로는 외로우면서도, 그럼에도 불구하고 세상을 향해 웃을 수 있는 것. 그것이 진정한 밝음이 아닐까 생각해 본다.

나는 쉽게 화를 내지 않는다. 아니, 내지 않으려 애쓴다. 이유는 단순하다. 누군가의 분명한 잘못 앞에서 분노를 터뜨리면, 그는 오히려 그 분노를 방패로 삼아 자신의 책임을 가려버린다. 마치 내가 화를 냈다는 사실 하나만으로 모든 사태가 정리되기를 바라는 듯한 태도로 말이다.

그 순간부터 잘못의 본질은 사라지고, 남는 것은 오직 나의 격한 목소리뿐이다. 분노는 아무것도 해결하지 못한다는 것을 여러 번 경험한 적이 있었다. 폭풍처럼 몰아친 뒤 남는 건 상처와 공허함뿐이었다.

감정을 앞세운 말은 진심의 무게를 흐려버리고, 문제를 더 복잡하게 만들었다. 차분함 속에야 비로소 진심이 닿는다는 것을 배웠다. 목소리가 잔잔해야 상대의 마음에 균열이 생기고, 그 틈으로 이해가 스며든다.

분노가 아닌 차분함 속에서 관계는 다시 숨을 쉰다. 나를 지켜준 것은 격한 감정이 아니었다. 나를 단단히 붙들어 준 것은 언제나 문제의 본질을 향한 눈길이고 그 본질로 곧장 걸어가려는 의지였다.

나는 감성적인 사람이다. 영화 한 편을 보고 난 후의 여운은 쉽게 잊히지 않고, 책 속 한 문장에 가슴이 뛴다. 길을 걷다가 노을이 예쁘면 한참을 서서 바라보고,

카페에서 흘러나오는 음악에 갑자기 눈시울이 붉어진다.

이런 감성은 삶을 풍요롭게 만들어 준다. 작은 것에서도 큰 감동을 찾을 수 있고, 평범한 일상도 특별하게 느껴진다. 하지만 동시에 힘들게 하기도 한다. 감정의 기복이 심해서 어떤 날은 하늘 끝까지 올라갔다가, 또 어떤 날은 땅속 깊이 내려간다.

그 감정이 격해지면 나의 모든 것은 빨라진다. 말도, 행동도, 판단도. 이런 자신을 사랑하면서도 가끔은 도무지 감당이 안 된다. 괜찮다. 나는 살아가는 법을 알기에, 넘어지면 주저앉았다가, 어느 순간 툭 털고 일어서면 된다. 살면 살아지고, 살다 보면 나아진다는 걸 몇 번이고 몸으로 배워왔다.

퍼주는 사람

나는 사람들을 좋아한다. 새로운 사람을 만나면 설레고, 그들의 이야기를 듣는 것을 좋아한다. 그들의 세상은 어떤 세상인지, 어떤 삶을 살아왔는지 함께 웃고, 함께 울고, 서로의 마음을 나누는 순간들은 내게는 가장 즐거운 시간이다.

동시에 나는 상처받기를 두려워한다. 사람을 좋아하는 만큼, 그들로부터 받는 상처도 깊다. 기대했던 만큼 돌아오지 않을 때의 실망감, 진심으로 다가갔지만, 벽을 느낄 때의 서러움이 나를 주저하게 만들어 나는 어느새 마음의 거리를 한 뼘쯤 띄워 놓는다. 가까워지고 싶으면서도 완전히 다가가지는 못하는, 사랑하고 싶으면서도 상처받을까 살짝 물러선다. 이 거리감은 나의 방어 기제이자, 동시에 안타까움이다.

칼 융은 "타인과 만남에서 우리는 우리 자신을 발견한다."라고 했다. 관계를 통해 우리는 자신을 더 깊이 이해하게 된다. 내가 얼마나 사랑에 목마른 존재인지, 동시에 얼마나 상처받기를 두려워하는지 나 역시 사람들과의 관계를 통해 많은 것을 배웠다.

어떤 친구는 나에게 이렇게 말했다. "너는 사랑을 주는 데는 적극적인 반면, 받는 데는 소극적이야." 정곡을 찌르는 말이었다. 다른 사람들에게는 먼저 마음을 열고 다가가지만, 그들이 나에게 다가올 때는 어색해한다. 사랑을 주는 것에만 익숙해졌지. 사랑받는 것에는 여전히 익숙하지가 않다.

이제는 익숙해져 보려 한다. 서로 상처를 주고받으면서도 함께 성장해 가는 것이 진정한 관계다. 이러한 관계는 상처받을 위험을 감수하더라도 서로를 위해 존중과 배려를 바탕으로 서로 성장해 나가는 관계가 이루어진다. 세상에 완벽한 관계라는 것은 없다.

기대는, 나에게 삶의 애정이자 삶의 불안이다

나는 기대를 많이 한다. 사람들이 나를 기억해 주기를, 특별히 여겨주기를, 이해해 주기를 바란다. 내가 사랑하는 만큼 사랑받고 싶어 한다.

기대가 무너질 때의 아픔을 나는 너무 잘 안다. 누군가가 내가 바란 방식으로 반응해 주지 않을 때, 내가 중요하게 생각한 일을 그들이 별것 아닌 것처럼 대할 때, 마음속 깊은 곳에서 쓰라린 실망이 올라온다.

어느 날은 아무도 믿고 싶지 않았다. 핸드폰을 꺼두고, 방문을 닫고, 이불 속에 누워 있었다. 세상이 무겁게 내려앉는 느낌. 모든 관계가 피곤했고, 누구에게도 마음을 쓰고 싶지 않았다.

그렇게 하루를 보내고 나면, 묘하게도 마음이 조금 가라앉았다. 기대가 식고, 현실을 받아들이는 여유가 생겼고, 다시, 조금씩 사람들에게 마음을 열기 시작했다.

부처는 "모든 고통의 원인은 집착에서 온다."라고 했다. 기대도 일종의 집착이다. 상대방이 내가 원하는 방식으로 행동해야 한다는 집착, 내가 바라는 반응을 받아야 한다는 집착. 이 집착을 내려놓을 때 비로소 진정한 관계가 시작된다.

기대를 완전히 없앨 수는 없지만, 그 기대가 상대방의 자유를 침해해서는 안 된다. 내가 베푸는 사랑에 대한 대가를 바라서도 안 된다. 진정한 사랑은 조건 없는 것이다.

기대는 여전히 있으나 그 기대가 무너져도 괜찮다. 기대가 무너진다고 해서 그 사람이 나쁜 사람이 되는 것도 아니고, 내가 바보가 되는 것도 아니다. 단지 서로 다른 방식으로 사랑하고, 다른 속도로 살아가는 것뿐이다.

부메랑

어느 날, 대중 앞에서 떨리는 목소리로 발표하는 사람을 보았다. 그의 문장은 매끄럽지 못했고, 청중 앞에서 그는 한없이 작아 보였다. 그 순간 내 마음속에서는 얄팍한 웃음이 피어났다. "어쩜 저렇게 말을 못 할까. 준비도 제대로 안 하고."

삶은 아이러니하게도, 우리가 내뱉은 심판을 언젠가 반드시 돌려준다. 시간이 흘러 내가 사람들 앞에 서게 되었을 때, 목구멍은 막히고 손끝은 떨려왔다. 그때 내 뇌리를 스친 것은 예전에 내가 무시했던 그 사람의 모습이었다.

나는 부끄럼이 많다. 내성적이며, 사람들의 시선이 늘 두렵다. 무대 위에 서는 순간, 청중의 눈빛 하나하나가 나를 꿰뚫는 것만 같았다. 그들의 눈길 속에서 나는 한

없이 작아졌고, 내 목소리는 점점 더 움츠러들었다. 어째서인지 내가 비웃었던 그 사람의 떨림이 내 안에도 들어 있었다.

우리는 타인을 바라보는 눈길 속에서 우리 자신을 마주한다. 내가 누군가를 향해 내뱉은 한숨, 속으로 흘린 비웃음은 사라지지 않는다. 그것은 마치 부메랑처럼 돌아와 나의 마음과 몸을 향해 날아왔다. 나의 불완전함을 찌르고 내 약함을 조롱하듯 결국 내가 무시했던 것은 타인이 아니라, 내 자신의 그림자였을 뿐이다.

무시는 결코 나를 보호하지 않는다. 오히려 족쇄가 되어 내 자유를 묶어둔다. 나는 그 족쇄에 오래 묶여 있었다. 사람들의 눈길이 무서워, 실수할까 두려워, 내 안의 떨림을 인정하지 못한 채 살아왔다. 나의 약함을 비웃고, 자책하며, 도망가기 일쑤였다.

존중은 다르다. 타인을 살리고 동시에 나를 살린다. 누군가의 떨림을 이해할 때, 나의 떨림도 용납할 수 있다. 타인의 실수를 수용할 때, 나의 실수도 삶의 일부로 받아들일 수 있다. 존중이 되돌아올 때, 나를 묶지 않고 오히려 풀어낸다.

그 누구도 무시할 수는 없다. 무시는 결코 나를 보호하지 않는다. 존중의 시선으로 세상을 바라볼 때, 우리는 불안의 감옥에 갇히지 않는다. 그 대신 서로의 떨림을 껴안으며, 조금은 더 자유롭게, 조금은 더 따뜻하게 살아갈 수 있다.

후회하더라도 시작하고 후회하자

나는 새로운 것을 보면 늘 설렌다. 처음 걷는 길 위에 설 때, 아직 펼치지 않은 책장을 넘길 때, 한 번도 시도해보지 않은 일을 시작할 때, 가슴은 어김없이 두근거린다. 이런 호기심은 내 삶을 풍요롭게 만드는 원동력이다.

나는 해보지도 않고 후회하는 것보다는, 해보고 후회하는 편이 덜 억울하다고 믿기에, 새로운 도전이 주어지면 깊은 계산보다는 빠른 실행을 택한다. 어차피 그 시간 속에서 무슨 일이 일어날지는 누구도 알 수 없다. 좋은 일이 생길 수도 있고, 어려움이 닥칠 수도 있으나 그 모든 순간은 반드시 나에게 어떤 배움으로 남는다고 나는 확신한다.

니체는 말했다. "네 삶을 다시 한번, 수없이 반복해도 좋을 것처럼 살아라." 삶의 모든 순간, 심지어 고통까지도 기꺼이 긍정하고 사랑하라는 뜻이다. 나는 이 말에서 큰 위안을 얻는다. 도전 속에서 만날 실패와 좌절도 결국은 나의 일부가 되고, 나를 자라게 한다는 사실을 받아들일 수 있기 때문이다.

물론 이런 나에게도 약점은 있다. 새로움에 대한 민감도가 높아 시작은 빠르지만, 흥미를 잃으면 금세 다른 곳으로 시선이 옮겨간다. 깊이 있는 몰입보다는 '새로움 자체'에만 매혹되는 경향이 있다.

스무 살 후반, 서른 즈음에야 알게 되었다. 나는 인내심이 짧고, 무엇 하나 끝까지 하지 못한다는 생각이 나를 괴롭혔다. 학교는 정해진 기간이 있으니 버틸 수 있었지만, 스스로 선택한 일들은 마무리가 늘 어려웠다.

고등학교 때 요리학원에 다닌 적이 있다. 한식 자격증을 따겠다고 도전했지만, 계속되는 필기시험 낙제로 결국 포기했다. 학원에서 수십만 원을 주고 산 도구들은 가져오지도 못한 채 남겨두었다. 헬스장에 두고 온 운동화만 해도 몇 켤레인지 모른다. 다이어트를 결심하며 등록했던 운동들은 대부분 처음의 열정만 남기고 사라졌다.

이런 패턴이 반복될 때마다 나는 나를 꾸짖었다.
'나는 왜 이렇게 의지가 약할까?'
'왜 끝까지 해내지 못할까?'
새로운 일을 시작할 때마다, '이번에도 중간에 포기하겠지'라는 불안이 먼저 고개를 들었다.
그 잦은 실패는 낮은 자기효능감을 만들었다. 필요한 것과 원하는 것을 구분하지 못했고, 핵심에 집중하기보다는 곁가지만 붙잡고 있었다. 그래서 문제를 해결하기보다 포기를 선택하는 일이 많았다.

지금은 다르게 생각한다. 끝내지 못했던 일들이 모두 무의미했던 것은 아니다. 그 과정에서 배운 기술, 만났던 사람들, 흘린 땀과 좌절의 감정까지도 지금의 나를 이루는 재료가 되었다. 완성하지 못했다고 해서 실패로

만 남는 것이 아니다. 미완의 경험도 결국은 나만의 자산으로 남는다.

삶은 언제나 시작과 끝으로만 평가되지 않는다. 때로는 '끝까지 가지 못한 발걸음'에서도 배움은 남는다. 중요한 건 '끝내지 못했음'이 아니라 '시작했음'이다. 시도하지 않았다면 얻을 수 없는 깨달음이 그 안에 들어있다.

나는 이렇게 말하고 싶다.

"후회할까 두려워 멈추지 말고, 일단 시작하라. 후회는 해도 되지만, 그 후회조차도 결국 나를 더 성장하게 만들 것이다."

모순

사람들은 일관성을 요구한다. 언제나 같은 얼굴로, 같은 태도로 살아가기를 바라나, 인간은 본래 모순적인 존재다. 따뜻함과 욕심, 배려와 이기심, 사랑과 회피가 한 사람 안에서 공존한다.

나는 동물을 너무나 사랑한다. 품에 안고 함께 살고

싶지만, 책임이라는 무게가 얼마나 무거운지 알기에, 바라보는 것만으로 만족하려 한다. 이 또한 나의 모순된 모습이다.

나는 호기심이 많은 사람이다. 세상의 거의 모든 것에 마음이 가고, 누군가의 말 한마디에도 오래 마음이 머문다. 어쩌면 너무 낙천적이라 가끔은 현실을 너무 느리게 받아들이는지도 모르겠다.

그렇다고 단순하게만 살지는 않는다. 생각은 많고, 감정은 깊고, 의외로 매사에 완벽을 추구하면서도 게으름이라는 이름 아래 자주 나를 밀어놓는다.

'게으른 완벽주의자'. 아이러니하지만 이 말만큼 나를 정확히 표현하는 것도 없다. 마음이 움직이면 끝까지 몰두하지만, 마음이 닿지 않으면 대충 흘려보내 버린다.

완벽주의는 내게 축복이자 저주다. 무언가를 할 때 최선을 다하려는 열정은 종종 빛나는 결과를 낳지만, 동시에 나를 옭아매는 족쇄가 되기도 한다. "완벽하게 하지 못할 거라면 차라리 시작하지 않겠다."는 생각이 머리를 스칠 때도 많다.

즉흥적인 성격은 여기에 더해 또 다른 모순을 만든다. 나는 계획을 세우는 걸 좋아한다. 일정표를 채워 넣을 때 마음이 놓이지만 막상 그 계획대로 움직이기는 쉽지 않다. 계획과 즉흥 사이에서 갈팡질팡하는 나를 보며, 한때는 스스로 이해할 수 없었다. 한동안 나는 그중 하나만이 진짜라고 믿었다.

칼 융의 말처럼, 인간의 정신은 본래 복합적이다. 의식과 무의식, 이성과 감정, 내향성과 외향성이 서로 엮이며 한 사람을 이룬다. 어떠한 모습을 하든 모두가 나의 존재이다. 상황에 따라 다른 얼굴이 드러날 뿐, 그 모든 모습이 모여 내가 된다.

나는 나를 받아들여야 한다. 완벽을 추구하는 마음과 게으름을 탐하는 마음이 공존하는 것, 그것이야말로 인간다운 모습 아닐까. 중요한 것은 모든 일에서 완벽을 고집하는 것이 아니라, 의미 있는 순간에만 그 완벽주의를 쏟아 내고, 그렇지 않은 순간에는 적당히 타협하는 지혜를 배우는 일이다.

나는 흔들리는 마음을 붙잡고, 무너지는 의지를 일으켜 세우며, 내일을 향해 천천히 걸어간다. 삶의 끝에 남는 것은 후회가 아니라, 내가 지나온 모든 흔적이다. 그 흔적 위에서 다시 숨을 고르고, 다시 내 걸음을 이어간다.

그래서 나는 이렇게 말하고 싶다.

"나를 부정하지 않고 이해하며, 있는 그대로 받아들일 때, 삶은 살아지더라."

삶이란 결국, 매 순간 나 자신과 맺은 약속을 지켜내는 일이다. 숨이 가빠올 때마다 나는 마음속으로 다짐한다. 할 일을 다 한다. 나를 다 쏟는다. 그렇게 하루하루, 삶을 다 태우듯 살아낸다.

나는 결국, 나를 선택했다.

심장은 지치고 손은 무겁더라도, 눈빛은 흐트러지지 않는다. 그 무엇도 나를 멈추게 할 수 없다. 내가 가는 길은 언제나 앞으로 향한다.

숙명

 이 순간, 내 앞에는 해야 할 일이 놓여 있고, 그 과업은 나를 통해서만 완성될 수 있기에, 나는 후회 없이 모든 것을 쏟는다. 계산하지 않으며, 핑계 부리지 않고, 묵묵히 저벅저벅 걸어간다. 발걸음마다의 무게는 천근만근하나, 그 무게가 나를 지탱해 주고 있다.

 삶은 늘 완벽한 순간을 허락하지 않는다. 완벽하지 않은 순간에 하늘은 나를 시험하게 한다. 인간에게는 피하고 싶은 순간이 필요하다. 눈을 감고 싶은 순간, 도망치고 싶은 순간이 있다. 어떤 날에는 몸과 마음이 무너지고, 세상이 무겁게 내려앉는다. 그럴 때는 잠시 외면한다. 등을 돌리고 숨는다. 그 시간은 정면 돌파를 위한 숨 고르기다.
 그곳에 오래 머물러서는 안 된다. 뒤돌아서는 순간 길은 사라지고, 피하는 순간 삶은 멈춘다.

 나는 믿는다. 모든 일에는 이유가 있다. 내 앞에 놓인 시련 또한 그 자체로 의미가 있다. 고통은 날카로운 가시 같지만, 시간이 흐른 뒤 돌아보면 삶의 문장을 완성하는 문장부호가 된다. 쓰라린 끝에 남는 건 깨달음이고, 그 깨달음이 나를 단단하게 만든다.

그래서 나는 속으로 중얼거린다. "아, 이래서 내가 이 길을 지나야 했구나."

어빙 스톤은 말했다. "위대한 업적은 때때로 고요 속에서, 보이지 않는 노력 속에서 태어난다." 맞다. 위대함은 폭죽처럼 번쩍이는 순간에 있는 것이 아니라, 조용한 반복과 숨죽인 발걸음 속에도 있다. 내 하루하루는 그리 큰 외침이 없는 고요 속에서 단단히 쌓여간다. 손가락 하나, 발걸음 하나, 마음 하나까지 나를 다해 살아낸 기록이다.

삶은 마치 산을 오르는 일과 같다. 때로 발걸음이 힘하고, 바람이 등 뒤에서 날 밀어내지만, 뒤돌아보면 발자국마다 빛나는 의미가 새겨져 있다. 나는 그 길 위에서 배운다. 후회 없이 다 하는 삶만이, 흔들리지 않고 나를 지키는 길이다.

힘들다고 피해버리면 순간 안도할 수 있지만, 그 뒤엔 빈 공허가 남는다. 정면 돌파만이 다음으로 나아갈 유일한 문이다.

어른

나의 존재가 조금씩 뒤로 물러설 때, 비로소 나는 '어른'이라는 자리에 닿는다. 삶은 늘 나를 앞세우라 말하지 않는다. 때로는 뒤로 물러서야 한다. 누군가의 방패가 되고, 누군가의 배경이 되며, 내가 드러나지 않는 자리에서 오히려 더 큰 의미가 자란다.

어린 시절엔 세상이 나를 중심으로 돌았다. 내가 울면 세계가 따라 울었고, 내가 웃으면 모두가 웃었지만, 어른이 된다는 건 세상의 중심을 내 손에서 내려놓는 일이다. 중요한 순간이 찾아올수록, 욕망의 무게를 덜어내고, 나를 낮추며, 그 자리를 타인에게 내어준다.
 공허할 줄 알았던 자리에 남는 것은 뜻밖에도 따뜻한 빛이다.

키에르케고르는 말했다. "나 자신을 잃는 것이야말로 인간이 겪을 수 있는 가장 큰 위험이다." 그러나 그는 또한 역설적으로, 진정한 자아는 내려놓음 속에서 드러난다고 보았다. 나를 붙잡으려 할수록 허상만 남고, 나를 내려놓을 때, 오히려 진짜 나에 다가간다는 것이다.

나는 점점 투명해지지만, 그 투명함 속에서 단단함이 자란다. 아이를 위해, 가족을 위해, 혹은 이름 모를 타인을 위해 나를 뒤로 물릴 때, 나는 아이러니하게도 다시 '어린이'가 되어 있었다.

진짜 어른은 오히려 마음을 가볍게 한 어린이와 맞닿아 있다.

나이를 먹는 것은 시간이 하는 일이지만, 성숙은 선택이 만든다. 나를 내려놓음은 상실이 아니라 회복이다. 욕망을 비워내자 삶이 조금은 더 맑아졌다. 집착을 내려놓자 관계가 조금 더 부드러워졌다.

아이를 키우며 이 모든 감정은 더 또렷해졌다. 내 안에 숨어 있던 모든 모순이 아이 앞에서는 더 선명하게 드러났다. 인내심이 없다고 생각했던 내가 아이를 위해서는 몇 시간이고 기다릴 수 있었고, 감정 기복이 심하다고 생각했던 내가 아이 앞에서는 안정된 엄마가 되려고 애썼다.

아이는 내게 거울이 되어주었다. 내가 화를 내면 아이도 따라서 불안해했고, 내가 웃으면 아이도 함께 웃었다. 아이를 통해 나는 내 감정이 얼마나 다른 사람에게 전해지는지를 생생하게 깨달았다.

동시에 아이는 내게 있어서 새로운 의미를 주었다. 내가 중심이었던 세상에서 아이가 중심인 세상으로 자연스럽게 옮겨갔다. 내 시간은 아이의 시간이 되었고, 내 공간은 아이의 공간이 되었다. 이런 변화가 때로는 힘들기도 했지만, 동시에 이전에는 느껴보지 못한 깊은 만족감을 주었다.

아이를 키우면서 나는 '무조건적 사랑'이 무엇인지 알게 되었다. 아이가 무엇을 하든, 어떤 모습이든 그저 사랑스러웠다. 이런 감정을 경험하고 나서야, 내가 다른 사람들에게서 받고 싶어 했던 사랑의 모습을 이해할 수 있었다.

또한, 아이를 키우면서 책임감이라는 것의 무게를 진정으로 느꼈다. 이제는 내 선택이 나만의 것이 아니다. 내가 하는 모든 일, 내가 하는 모든 말이 아이에게 영향을 미친다. 이런 책임감이 때로는 부담스럽지만, 동시에 나를 더 나은 사람으로 만들어 가는 동력이 되었다.

내 안에는 어린 소녀가 잠들어 있다. 그리고 이제는 그것이 부끄럽지 않다. 나이를 먹는다고 해서 모든 것이 완성되는 것은 아니다. 여전히 배워가고, 깨달아 가고, 성장해 가는 중이다.

지금까지 가장 큰 깨달음은 '나 자신을 받아들이는 것'의 중요함이었다. 단순하고 복잡하고, 강하고 약하고, 따뜻하고 조심스러운 나를 있는 그대로 인정하고 나아가고 있다. 베푸는 걸 좋아하지만 가끔은 욕심도 부리고, 나답게 살고 싶지만, 나답게 사는 게 뭔지 몰라서 또 길을 잃고 찾아 헤맨다. 그런 나를 나는 보살피고 사랑한다.

삶은 항상 반짝일 수는 없지만, 고통 속에서도 살아내는 존재는 반짝임보다 더 빛난다. 완벽하지 않은 것이 오히려 인간다운 것이라는 것을 나는 믿는다.

#에필로그: 계속되는 이야기

후회 없이, 미련 없이, 다 쏟아부어 살아가는 순간이야말로 내가 살아 있음을 증명하는 순간임을 알아야 한다. 그리고 그 순간, 나는 진정으로 나 자신과 만날 수 있다.

숨이 차고, 발걸음이 무거워도, 다른 사람과 비교할 필요도, 남들의 속도에 맞춰 갈 필요도 없다. 내가 걸어가는 속도가 바로 나에게 맞는 속도다. 삶은 계속되고, 나는 계속 살아간다.

이 책을 쓰면서 나는 내 안의 많은 모순을 다시 한번 들여다보았다. 밝으면서도 복잡하고, 사랑하면서도 두려워하고, 도전하면서도 포기하는 나를. 이 모든 것이 부끄럽지 않다. 오히려 이것이 진짜 나라는 걸 받아들인다.

나는 아직 완성되지 않았다. 앞으로도 계속 변하고, 성장하고, 때로는 실수하고, 때로는 깨달을 것이다. 그리고 그 모든 순간이 내 삶의 소중한 일부가 될 것이다.

이 책을 읽는 당신도 혹시 나처럼 모순적인 자신 때문에 고민하고 있다면, 괜찮다. 모순적인 것이 인간다운 것이고, 완벽하지 않은 우리가 더 아름답다는 말을 전해주고 싶다.

그러니 오늘도 우리는 살아간다. 완벽하지 않아도 괜찮다. 진실하게, 일관되지 않지만 솔직하게. 그리고 그렇게 살아가는 것이 바로 삶이다.
"어른이 된다는 것은 다시 아이가 되는 일이다. 진정한 성숙은 무언가를 더 쌓는 일이 아니라, 불필요한 것들을 하나둘 덜어내는 하나의 과정일 뿐이다."